Filzen für groß und klein

Angelika Wolk-Gerche

Filzen für groß und klein

Nützliches und Schönes aus Wolle

Verlag Freies Geistesleben

Die Deutschen Bibliothek – CIP-Einheitsaufnahme

Wolk-Gerche, Angelika:
Filzen für groß und klein: Nützliches und Schönes
aus Wolle / Angelika Wolk-Gerche. –
Stuttgart: Verlag Freies Geistesleben, 1996

ISBN 3-7725-1493-6

© 1996 Verlag Freies Geistesleben GmbH, Stuttgart

Sämtliche Anleitungen und Texte dieses Buches
sind urheberrechtlich geschützt und dürfen nur
nach vorheriger Genehmigung reproduziert oder
zu kommerziellen Zwecken verwendet werden.
Auch das Recht der Vertonung der Texte bleibt
vorbehalten.

Fotos: Wolpert & Strehle
Zeichnungen: Angelika Wolk-Gerche
Einband: Walter Schneider unter Verwendung eines
Fotos von Wolpert & Strehle
Druck: Uhl, Radolfzell

Inhalt

Einleitung. Das Besondere der Filztechnik . . . 7

1 **Kulturhistorisches zur Filztechnik** 8

2 **Wissenswertes über Wolle und Woll-Lieferanten** 12
Warum filzt Wolle?   12
Schafwolle   12
Alpaka   13
Kamelhaar   14
Kaschmir   14
Mohair   14
Angora   15
Hundewolle   15
Seide   16

3 **Wo bekommt man die richtige Wolle zum Filzen?** 16

4 **Einrichtung des Arbeitsplatzes** 17

5 **Vorbereitung der Wolle** 19
Sortieren   19
Waschen   19
Zupfen   19
Kardieren   20
Kardieren mit der Trommel-kardiermaschine   21

6 **Von den Farben** 22
Färben mit Pflanzen   22
Beizen der Wolle   23
Rezepte   23
   Braun-rötlich aus Tannenzapfen   23
   Mittelgelb aus Ringelblumen   24
   Goldgelb aus Zwiebelschalen   24
   Grüngelb aus Apfelbaumrinde   24

7 **Arbeitsschritte** 35
Schablonen   25
Verteilen der Wolle   25
   Flächiger Filz – Filzplatte   25
   Formfilz   26
Filzen   29
Walken   30
Spülen   33

8 **Wichtige Tips** 34
Filzprobe   34
Die Schere   34
Löcher oder dünne Stellen   34
Wülste an den Rändern eines Formfilzes   34
Formloser, löchriger «Fladen»   35
Weiche Ränder   35
Das ganze Filzstück ist weich und locker   35
Schiefes Filzteil   35
Faserige, rauhe Oberfläche   35
Der Filzprozeß erscheint einem sehr lang   36

9 **Vielfältige Gestaltungsmöglichkeiten** . . . 37
Filzen von Kügelchen   37
Marmorierter Filz   37
Farbmischung   37
Karierter Filz   37
Pünktchenmuster   38
Malen mit Fasern   38
Fransen einfilzen   38
Applizieren   38
Besticken, Steppen   38

Sticharten beim Besticken von Filz   40
  Plattstich, Spannstich   40
  Stielstich   40
  Schlingstich   40
  Knötchenstich   41
  Fadenapplikation   41

10 **Filzen mit Kindern** 42
  Filzbilder (Malen mit Fasern)   43
  Was Kinder gerne filzen   46

11 **Die Geschichte von der Hütehündin
  und dem Lamm** 48

12 **Arbeitsanleitungen** 50
  Kopfbedeckungen   50
  Baskenmütze schwarzbraun   50
  Baskenmütze violett   50
  Bubenhut mit Feder   51
  Lila Hut mit Traubenschmuck   53
  Filzschmuck   54
  Eichblatt-Ansteckschmuck   54
  Kirschen-Ansteckschmuck   54
  Trauben-Ansteckschmuck   55
  Filz-Fassungen für große Halbedelsteine   56
  Haarspange   56
  Collier violett   56
  Collier orange   56
  Kette mit Muschel   56
  Gegen kalte Füße   57
  Wärmflaschen-Hülle   57
  Sohlen zum Einlegen   57

Fliegenpilz-Hausschuhe   58
Wollstiefel   60
Geschenke schön verpacken   62
  Zwei Beutel   62
  *«Wundertüte» mit roten Punkten
  und Satin-Schleife   64*
  Große Filztüte mit bunten Sternen   65
  Großes Kuvert   66
Für's Baby   68
  Klapperball   68
  Greifring   68
  Fläschchenwärmer   69
Hüllen, die schützen und schmücken   70
  Flötenhüllen   70
  Brillenfutterale   70
  Buchhüllen   72
  Schatzbeutel   73
Jonglierkissen   75
Wichtel   75
Winzige Wickelkinder   78
Puppen   79
  Sackpuppe   79
  Gliederpuppe   82
  *Kleine Puppe im Schlafsäckchen
  zum Umhängen   84*
  *Schönes für das Puppenkind
  (Hut, Weste, Schuhe)   86*
  «Geburt einer Puppe»   89
Vliesumhang aus Heidschnuckenwolle   90

Bezugsquellen 94

Einleitung. Das Besondere der Filztechnik

Die Faszination, die von der Filztechnik ausgeht, hat sicher mehrere Gründe. Einmal ist es der sinnliche Werkstoff Wolle. Ein weiterer Grund ist das Alter dieser Technik, mit der sich etwas Archaisches, Ursprüngliches verbindet. Das Handfilzen war und ist nicht abhängig von technologischen Erfindungen und Entwicklungen. Es liegt heute noch so vor wie bei den Menschen vor 3000 Jahren! Allein unsere geschickten Hände, unsere Experimentierfreudigkeit und unser Formgefühl garantieren das Gelingen.

Sogar jemand, der noch nie eine Nähnadel, geschweige denn eine Spindel oder ein Webschiffchen in Händen hielt, kann Zugang zum Handfilzen finden, denn diese Technik ging ja allen anderen voraus!

Hinzu kommt, daß sie, insbesondere in unserem Kulturraum, lange vergessen war. So wurde sie weder durch Traditionen noch durch erstarrte Vorstellungen festgelegt oder verformt. Das eröffnet jedem, der sich mit ihr beschäftigt, nicht nur kreative Freiräume, sondern verlangt darüber hinaus auch eine gewisse Sensibilität. In der Praxis bedeutet das, daß wir die Möglichkeiten der Wolle, sich zu geschlossenen, nahtlosen Formen und Körpern zu verbinden, nutzen sollten, um funktionstüchtige, sinnvolle Gegenstände herzustellen. Den Filz zurechtzuschneiden, um ihn dann wieder zusammenzusetzen, sollte eine Ausnahme bleiben. Überhaupt kommt der Schere nur eine untergeordnete Rolle zu.

Fazit: Alle, die sich mit dieser besonderen, erst kürzlich wiederbelebten Technik der Textilverarbeitung ernsthaft befassen, sind dazu aufgerufen, ihr zu dem Platz im Bereich des Kunsthandwerks zu verhelfen, der ihr zusteht.

1 Kulturhistorisches zur Filztechnik

Der Legende nach soll der Heilige Clemens der Entdecker der Filztechnik gewesen sein. Als Bauern ihm etwas Schafwolle schenkten, polsterte er seine Schuhe damit aus. Durch Reibung, Druck, Wärme und Feuchtigkeit verwandelte sich die Wolle schon bald in einen Filz.

Mit Sicherheit hatten sich Menschen schon lange vor den Zeiten des Clemens Tierhaare in Form von Filz zunutze gemacht. Wir können uns gut vorstellen, welche Bedürfnisse und Beobachtungen die Jäger und Sammler dazu brachten, Filz gezielt herzustellen: Vielleicht hatten sie den Filzvorgang am eigenen Kopfhaar erfahren oder ihre Schlafstatt mit gesammelten Tierhaaren ausgepolstert. Diese Unterlage verfilzte infolge von Druck, Feuchtigkeit und Wärme nach einiger Zeit zu einer kompakten Matte.

Eines steht fest: Hätten die Menschen nicht schon lange von den vorzüglichen Eigenschaften der Wolle gewußt, hätten sie wohl kaum die Mühe auf sich genommen, aus dem wilden Bergschaf ein Nutztier zu machen. Später begannen die Römer, durch Zuchtauslese den Grundstein zu den vielen Arten und Unterarten, wie wir sie heute kennen, zu legen. Die Römer trugen nicht nur die feine, naturweiße Woll-Toga, sondern auch handgefilzte Kopfbedeckungen.

Das Filzen, als die älteste Technik der Textilverarbeitung überhaupt, war bei vielen Völkern rund um die Erde bekannt. Man brauchte dazu nicht viel mehr als seine beiden Hände, Beobachtungsgabe und Formgefühl. Je nach Kunstfertigkeit und den Bedürfnissen der jeweiligen Volksgruppen entwickelten sich im Laufe der Zeit unterschiedliche Herstellungsweisen. Daß man aus Wolle nahezu jede Filzform herausarbeiten kann, haben uns besonders die Nomaden der asiatischen Steppen gezeigt. Ihr Leben ist mit der Filztechnik seit jeher eng verknüpft. Daher ist das Repertoire ihrer Filzgegenstände erstaunlich groß. Es reicht von den Dächern ihrer mobilen Rundhäuser, Yurte genannt, über Kleidungsstücke, Satteltaschen, Joghurtwärmer bis hin zu kultischen Gegenständen.

Abb. 1: Afghanische Yurte. Die Filzdächer der Yurte zeigen häufig noch die Lockenstruktur der Schafwolle.

Abb. 2: Mongolische Yurte

Die großen, meistens trapezförmigen Dachfilzplatten der Yurte werden in Gemeinschaftsarbeit hergestellt. Die frisch geschorene Wolle wird geklopft und anschließend gleichmäßig auf Stroh- oder Schilfmatten ausgebreitet. Dann begießt man sie mit Wasser und rollt das Ganze ein. Mit Hilfe von Stricken wird die Rolle stundenlang hin- und herbewegt, gedreht, begossen und entrollt. Schließlich ist ein überaus stabiler Dachfilz entstanden als zuverlässiger Schutz vor jeglicher Witterung. Die Dachplatten über dem Eingangsbereich tragen häufig kunstvolle Stickereien, Ornamente und traditionelle, magische Zeichen. Wenn man zu neuen Weidegründen aufbricht, werden die Scherengitter, die Wände der Yurte, zusammengeschoben und die Dächer kurzerhand zusammengerollt.

Buddhistische Mönche einer uigurischen Volksgruppe Chinas stellen auch heute noch schöne, schlichte Filzteppiche nach uralter Überlieferung her. Für einen Teppich verarbeiten sie die Wolle von zwanzig Schafen. Zuerst wird die Wolle durch Schlagen aufgelockert und von Unreinheiten befreit. Anschließend verteilt man sie gleichmäßig auf einer großen Bambusmatte. Nach dem Durchnässen wird sie eingerollt. Zwei Mönche bewegen die Rolle bei glühender Hitze mit nackten Füßen und im Rhythmus ritueller Gesänge solange, bis ein stabiler Filz entstanden ist.

Im Grab einer Oase in der Taklamakan-Wüste fanden Archäologen den mumifizierten Körper einer Frau, die wahr-

Abb. 3: Filzmütze aus einem Grab in der Taklamakan-Wüste.

scheinlich zur Zeit der chinesischen Han-Kaiser gelebt hat. Ihren Kopf schützte eine Mütze aus Filz, die zwei Reiherfedern schmückten. An den Füßen trug sie Schuhe aus Kamelleder.

Bemerkenswert ist auch die Filztechnik einiger Indiostämme Perus. Von allen Andenstaaten hat Peru die größte Schafszucht. Das extreme Höhenklima in Äquatornähe veranlaßte die Bewohner zur Herstellung schützender Kopfbedeckungen. Bis heute filzen sie wunderschöne, fantasievolle Hüte in ganz ungewöhnlichen Formen. Es gibt Tellerhüte, Hüte in Melonenform, kappenartige Hüte, sombreroförmige und so weiter. Die Indianerinnen stecken diese oft sehr großen Gebilde mit langen Nadeln an ihren dicken Zöpfen fest. Die Hüte werden meistens üppig und kunterbunt bestickt. Manche sind obendrein mit Troddeln und kleinen ausgestanzten Metallfolien verziert.

Die ältesten erhaltenen Filzobjekte befinden sich in der Eremitage in St. Petersburg. Dabei handelt es sich u.a. um kleine stilisierte Schwäne aus weißem Filz, mit Stroh ausgestopft. Ihr Alter wird auf 2500 Jahre geschätzt. Sie dienten einst kultischen Zwecken als Bestandteile des Bestattungsritus eines skytischen Fürsten.

Noch bis vor fünfzig Jahren sollen in manchen russischen Provinzen derbe, dicke Stiefel im Handfilzverfahren hergestellt worden

Abb. 4: Indianerin aus Peru mit handgefilztem, reich geschmücktem Tellerhut, an dem ein Tuch befestigt ist.

sein. Diese Stiefel konnte man im Winter sogar im Freien tragen. Über Nacht wurden sie auf dem Ofen getrocknet.

Wie aus dieser kleinen Aufzählung ersichtlich, hat die Filzkunst sich nur in wenigen abgelegenen Regionen unserer Erde bis heute erhalten können. In unserem Kulturraum geriet sie schon vor längerer Zeit in Vergessenheit.

Auf der Suche nach kreativen Ausdrucksmitteln im textilen Bereich entdeckten einige Künstler, besonders aus den USA, Osteuropa, den Niederlanden und Deutschland, erst in den siebziger Jahren das Handfilzen neu. Zunächst befaßten sie sich experimentell und unabhängig voneinander mit dieser faszinierenden Technik. Bald folgten Filzkurse, in denen sie ihre inzwischen erworbenen Fertigkeiten weitergaben, denn das Interesse vieler Menschen, alte Textiltechniken zu erlernen, war – und ist – sehr groß.

Abb. 5: Diese kleinen Filz-Schwäne muten sehr modern an, dabei schätzt man ihr Alter auf 2500 Jahre. Sie gehörten einst zur Bestattungszeremonie eines skytischen Fürsten und waren mit Stroh gefüllt.

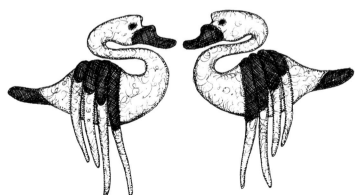

2 Wissenswertes über Wolle und Woll-Lieferanten

Warum filzt Wolle?

Am lebenden Tier findet kein Filzprozeß statt, denn alle Fasern wachsen gleich ausgerichtet nach oben. Ein fettes Drüsensekret, das jede Faser umgibt, verhindert zudem ein Verhaken mit den Fasern um sie herum.
Nachdem das Schaf geschoren wurde, haben die Fasern ihre gleichgerichtete Ordnung verloren, und es ist ein «Chaos» entstanden. Wird die Wolle nun warmem Wasser ausgesetzt, spreizen sich die Schindeln vom Faserstamm ab und dehnen sich aus. Durch Reibung und Druck schwimmen die Fasern umeinander und beginnen sich miteinander zu verschlingen, zu verdrehen und zu verhaken. Dieser Vorgang wird durch Zusatz eines alkalischen Mittels begünstigt. Bei Abkühlung schließen sich die Schuppen wieder, und es ist eine mehr oder weniger kompakte Wollmasse, eben ein Filz, entstanden.

Schafwolle

Zu den ältesten, über die ganze Welt verbreiteten Textilfasern gehört die Schafwolle. Wie alle anderen tierischen Fasern auch besteht sie aus der proteinhaltigen Substanz Keratin.

Abb. 6: Rohwolle in verschieden Naturtönen

Entstehungsort der einzelnen Faser ist der stark durchblutete Haarbalg, Follikel genannt. Ein Schaf hat im Durchschnitt 10.000 Follikel pro Quadratzentimeter Haut. Eine Faser wächst pro Tag ca. 0,2 mm.
Betrachtet man eine Wollfaser unter dem Mikroskop, so erkennt man eine ausgeprägte Schuppenstruktur. Diese Schuppen überlappen sich wie Dachschindeln und umgeben die Rindenschicht des Faserstammes. Das «Innenleben» einer Wollfaser besteht aus spindelförmigen, hochelastischen Zellen (Fibrillen). Die Schindeln schichten sich zur Faserspitze hin und haben eine offene Struktur. Dort werden Feuchtigkeit und Unreinheiten absorbiert und daran gehindert, zur Haut des Tieres vorzudringen. Teilt man das vollentwickelte Wollkleid eines Schafes auf der Weide einmal sacht mit beiden Händen, so sieht man unten die saubere, rosa Haut schimmern

und die reine, naturweiße Wollpracht. Winzige, goldene Lanolintröpfchen sind überall verteilt und leisten ihren Beitrag zum Schutz der Tierhaut. Weiter oben haben sich dann schon feine Schmutzteilchen verfangen. Außen schließlich sind gröbere Verunreinigungen, Kletten und Stroh hängengeblieben.

Die Beschaffenheit und Menge der Schuppen, die den Faserstamm ummanteln, ist für den Filzvorgang von entscheidender Bedeutung. Je mehr Schindeln vorhanden sind, um so größer ist die Filzkraft. Das ist von Schaf zu Schaf verschieden. Die besten Filzergebnisse liefern u.a. Neuseeland-, Eider- und Milchschafe und deren Kreuzungen. Die Wollen vom Bayerischen Bergschaf, Württemberger Landschaf und Schwarzkopfschaf lassen sich ebenfalls gut verarbeiten. Reine Merinowolle filzt sehr langsam und ergibt lockere, voluminöse Matten. Glatte, härtere, wenig gekräuselte Wolle wie die der Heidschnucke sind weniger zu empfehlen. Ist aber genügend Unterwolle vorhanden, können daraus interessant strukturierte Objekte entstehen, wobei die glatten langen Grannen kreuz und quer herausragen.

Qualität und Filzkraft hängen nicht nur von der Schafrasse ab. Großen Einfluß haben der Gesundheitszustand des Tieres, sein Futter, sein Alter, das Klima, dem es ausgesetzt war, weiter der Fettgehalt der Wolle, ihr Verschmutzungsgrad sowie die Lagerungsbedingungen und -dauer des Vlieses.

Alle schlecht filzenden Tierhaare und sogar pflanzliche Fasern und Seide ergeben aber schöne, haltbare Filzarbeiten, wenn man sie mit einem Anteil einer stark filzenden Wollsorte vermischt.

Alpaka

Alpakas gehören zur Familie der Schafkamele und sind in den Andenstaaten beheimatet. Ihre Wolle, besonders die der schwarzbraunen Tiere, ist von hoher Qualität. Glanz, Seidigkeit, Faserlänge und die schönen Naturfarbtöne machen sie auch für «Filzer» interessant. Alpakawolle filzt ein wenig langsamer als Schafwolle. Die Mühe jedoch lohnt sich, denn das Ergebnis ist ein leichter Filz mit mattschimmernder, feiner Textur.

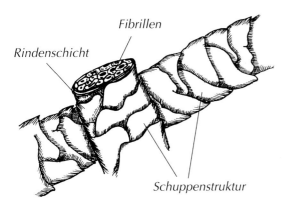

Abb. 7: Wollfasern unter dem Mikroskop. Deutlich zu erkennen ist die Schuppenstruktur – für den Filzprozeß von entscheidender Bedeutung.

Kamelhaar

Kamelhaar zeigt nur dann gute Filzergebnisse, wenn es nicht zu viele Grannenhaare hat. Die harten, langen Grannenhaare weisen ja keine Kräuselung auf und haben nur wenige große Schindeln am Faserstamm. Unterwolle und Babykamelhaare filzen dagegen zufriedenstellend. Zur Hälfte mit Schafwolle vermischt, entstehen schöne Filze. Dabei wählt man, um den warmen Kamelhaarfarbton zu behalten, Schafwolle von ähnlicher Färbung. Babykamelhaare kann man auch gut mit einem Anteil Schappeseide oder Kaschmir kardieren, so erhält man ein sehr feines Material.

Kaschmir

Kaschmir wird als diejenige Wolle bezeichnet, die «dem Himmel am nächsten» ist. Die kleine, genügsame Kaschmirziege lebt auf den kargen Hochebenen Asiens. Begehrt sind vor allem die Unterhaare, Kaschmirdaune genannt. Sie sind fein, dicht und sauber und von unerreichter Weichheit. Kaschmir hat gute Filzeigenschaften.

Um sich gegen die rauhen Winde der Hochebenen zu schützen, stellten die Menschen in China früher Filzmützen aus Kaschmirdaunen her.

Kaschmir wäre für uns viel zu kostbar, um es pur zu einem Filz zu verarbeiten. Zusammen mit feiner Schafwolle kardiert oder als dünne

Abb. 8: Alpaka im Kardenband (links oben) und Kamelhaar (links unten); Babykamel und Hund (rechts oben vorne und hinten); Mohair (rechts Mitte) und kardierte Schafwolle (rechts unten)

Außenschicht auf Wolle gefilzt, kommen wir in den Genuß eines edlen Werkstückes. Und wie man es früher in China tat, können wir das Kaschmirprodukt später bürsten, was eine flauschige, der Haut und dem Auge schmeichelnde Oberfläche ergibt.

Mohair

Der asiatische Teil der Türkei ist die Heimat der Angoraziege. Ihren Namen hat sie von der alten Handelsstadt «Angora». Das schneeweiße Fell ist überaus seidig und glatt. Die langen Haarfasern sind besonders haltbar, weisen jedoch nur wenige, schwach entwickelte Schuppen auf. Daraus ergibt sich eine schlechte Filzfähigkeit. Vermischt mit kräftig filzender Schafwolle und später gebürstet,

Abb. 9: Kaschmir (links oben), Angorakaninchen (rechts oben), pflanzengefärbte Seidenwatte (unten)

entsteht ein seidiger, langhaariger Mohairfilz. (Siehe Sackpuppe, Seite 79)

Angora

Nicht von der Angoraziege, wie man annehmen könnte, sondern von einem Kaninchen gewinnt man die echte Angorawolle. «Englisches Seidenkaninchen» nannte man früher dieses schneeweiße Tier. Es ist ein angenehmer, geduldiger und sehr zahmer Hausgenosse. Alle drei Monate wird es geschoren. Ein Kaninchen kann bei guter Pflege im Jahr bis zu 1000 g Wolle produzieren.
Angorawolle hat neben der Heilwirkung bei Gelenk- und Muskelerkrankungen noch weitere hochgeschätzte Eigenschaften: Sie wiegt bei gleichem Wärmehaltungsvermögen nur ein Drittel von dem, was ein vergleichbares Stück aus Schafschurwolle wiegen würde. Menschen mit empfindlicher Haut reagieren auf Angorawolle nicht mit Juckreiz.
Angorawolle eignet sich zum Filzen. Allerdings muß man mit dem doppelten Zeitaufwand rechnen wie bei Schafwolle. Daher ist es empfehlenswert, sie mit Schafwolle zu kardieren oder auf eine Schafwollschicht aufzufilzen. Die stark filzende Schafwolle greift dann in die Angorawolle und hält sie fest. Gefilzt wird anfangs immer auf der Schafwolleseite.
Das Filzen von Angorakaninchenwolle ist eine sehr rutschige Angelegenheit. Das Ergebnis entschädigt aber für alle Mühen. Die zarte, flauschige Oberfläche wird noch schöner, wenn man sie leicht bürstet.
(Siehe Brillenfutteral Seite 71, Baskenmütze Seite 50).

Hundewolle

Wer einen Hund zu Hause hat, stelle aus seinen ausgekämmten oder geschorenen Haaren einmal einen Probefilz her. Die meisten Hundehaare, besser gesagt die Unterwolle, filzen erstaunlich gut. Der etwas strenge Duft nach «nassem Hund» verschwindet nach dem Filzen. Hundewolle kann man ebenfalls sehr gut mit anderen Fasern, zum Beispiel Alpaka, mischen. Der schwarzbraune Schatzbeutel auf Seite 74 wurde vollständig, die

Baskenmütze auf Seite 50 zu einem Drittel aus Hundewolle gefilzt. Die Lieferantin war in diesen Fällen eine langhaarige Mischlingshündin, deren ausgebürstete Wolle über einige Monate gesammelt worden war. Filze aus Hundewolle sind auffallend fest.

Seide

In ihrem kurzen Lebenszyklus macht die Seidenraupe eine vollständige Metamorphose durch: vom Ei zur Raupe, von der Raupe zur Puppe, von der Puppe zum Falter. Seide ist sehr geschmeidig sowie schmutz- und feuchtigkeitsabweisend. Ihr Glanz und ihre Leuchtkraft räumen ihr einen besonderen Rang unter den Naturfasern ein. Einst war das Tragen von Seidengewändern nur den chinesischen Kaisern vorbehalten.
Im Unterschied zu Wolle hat Seide keine zellartige Struktur. Seide allein filzt nicht. Man kann sie aber mit allen anderen filzfreudigen Materialien kardieren oder als dünne Schicht auffilzen, um in den Genuß dieser wunderbaren Faser zu kommen. Wir verwenden die Seidenwatte aus Seidenabfällen und zerkleinerten Kokons, Schappeseide genannt. Tussah-Schappeseide ist auch sehr gut geeignet. Seidenwatte läßt sich wunderbar mit Pflanzen färben. Das rote Brillenfutteral Seite 71 hat als Innenfutter eine dünne Seidenschicht, die sich mit der roten Wolle beim Filzen verhakt hat.

3 Wo bekommt man die richtige Wolle zum Filzen?

Im Fachhandel sind viele verschiedene Wollsorten erhältlich (siehe Bezugsquellenverzeichnis im Anhang). Fast alle eignen sich gut zum Filzen. Maschinell kardierte, sogenannte *Kardenbänder* oder *Krempelflor,* sind zum Filzen schon optimal vorbereitet, also gewaschen und gereinigt und vor allem für Anfänger empfehlenswert. Kardenbänder werden auch in vielen leuchtenden Farben angeboten. Breitflächige *Vliesmatten* lassen sich sehr gut verarbeiten und sind meistens etwas preiswerter, da sie kurze Fasern enthalten, die von Spinnern nicht so sehr geschätzt werden. In diesen Vliesen befinden sich häufig kleine Kletten. Man sollte sie gleich herauszupfen, denn an ihnen scheuert man sich beim Filzen leicht die aufgeweichten Hände wund.
Wolle in der Flocke und im Fett muß noch gewaschen, gezupft und kardiert werden. Wer einen Schäfer in seiner Nähe hat, kauft dort ein frisch geschorenes Vlies. Die erste Schur im Jahr erfolgt kurz nach den Eisheiligen im Mai. Man bittet den Schäfer um das Vlies eines Tieres, das zum zweiten Mal in seinem Leben geschoren wurde, denn die zweite Schur gilt als die beste!

Abb. 10: Chemisch gefärbte Wolle im Kardenband (links) und Märchenwolle handkardiert und pflanzengefärbt (rechts)

4 Einrichtung des Arbeitsplatzes

Als Arbeitsplatz zum Filzen und Walken dient ein großer, stabiler Tisch, dessen Oberfläche wasserunempfindlich sein sollte. Eine Heißwasserquelle – Boiler oder Kochplatte – sowie ein Spülbecken sollten sich in unmittelbarer Nähe befinden. Auch der Boden müßte Feuchtigkeit vertragen können.

Diese Voraussetzungen sind ja in jeder Küche oder in einem geräumigen Badezimmer gegeben. Im Sommer läßt es sich gut im Freien arbeiten. Dann nimmt man einen Eimer heißen Wassers mit hinaus. Des weiteren wird ein Filzbrett, eigentlich müßte es «Walkbrett» heißen, benötigt. Filzbretter werden von Firmen, die auch Spinnräder und Wolle anbieten, vertrieben. Bevor man ein solches Filzbrett anschafft, sollte man sich erst einmal im Familien- und Bekanntenkreis umhören. Vielleicht liegt noch irgendwo ein vergessenes Waschbrett, das den gleichen Zweck erfüllt, im Keller oder auf dem Speicher. Auf Flohmärkten wird man ebenfalls meistens fündig. Wer an seiner Spüle eine geriffelte Ablaufplatte hat, kann notfalls auch diese zum Walken benutzen.

Alle weiteren Utensilien sind in jedem Haushalt vorhanden: 1-Liter-Gefäß, Schere, Bleistift, Handtuch, Nadel und Faden, Wischtuch, Eimer und Karton für die Schablonen, Handcreme.

Ein sehr wichtiges Hilfsmittel ist die *Seife*. Ihre

Abb. 11: Benötigte Utensilien

17

alkalischen Bestandteile reizen die Schindeln am Faserstamm dazu, sich aufzustellen. Das beschleunigt den Filzvorgang ganz erheblich. Außerdem ermöglicht es die Seife, daß die Hände über das Werkstück gleiten können. Nur so erhalten wir einen gleichmäßigen Filz mit einer schönen Oberfläche. Geeignet sind alle guten Kernseifen und deren Flocken oder Späne. Besonders zu empfehlen ist «Olive Marseille», eine französische Seife aus Olivenöl. Man erhält sie im 600 g-Block und schabt die benötigte Menge mit einem Messer ab.

Schmierseife eignet sich weniger zum Filzen. Ihre Gleitfähigkeit läßt schon nach kurzer Zeit stark nach, die Folge ist eine faserige Filzoberfläche. Die erstgenannten Seifen beanspruchen außerdem die Haut weit weniger als Schmierseife.

Wer seine Wolle direkt vom Schäfer holt, benötigt unbedingt ein Paar *Handkarden (s. S. 20)*, um gleichmäßiges Wollmaterial vorbereiten zu können. Handkarden sind unentbehrlich für alle, die mit Faser- und Farbmischungen experimentieren möchten.

Die Anschaffung einer *Trommelkardiermaschine* (s. S. 21) lohnt erst dann, wenn das Filzen zu einem ernsthaften Hobby geworden ist. Kardiergeräte gibt es mit Kurbel für den Handbetrieb und mit Elektromotor.

Abb. 12: Ein Schafwollvlies hat unterschiedliche Wollqualitäten. 1 bezeichnet die hochwertigste, 8 die minderwertigste Wolle.

5 Vorbereitung der Wolle

Sortieren

Das eingerollte Vlies wird zunächst auf dem Boden ausgebreitet. Wenn der Schafscherer gute Arbeit geleistet hat, so zeigt das Vlies die Form des Tieres mit abgespreizten Beinen. Die sogenannte «Klattenwolle» von den Beinen ist meistens voller Kot, ebenso der Schwanzbereich. Dieses Material wird ausgesondert. Häufig ist auch die Bauchwolle unbrauchbar. Vergilbte und von der Sonne versengte Wollspitzen können weggeschnitten, grobe Pflanzenreste herausgezupft werden. Das so vorbereitete Vlies schüttelt man zum Schluß kräftig aus, wobei noch einmal beträchtliche Verunreinigungen herausfallen. Nun ist es bereit zum Waschen.

Waschen

Das vorgereinigte Vlies über Nacht in reichlich kühlem Wasser einweichen. Die Selbstreinigungskraft der Wolle ist beeindruckend, denn am nächsten Morgen sieht man, wie sie den Schmutz in Schwällen ausgeschwemmt hat. In einem frischen, handwarmen Wasserbad wird die Wolle anschließend gewaschen. Um später gute Filzergebnisse zu erzielen, ist es unbedingt nötig, der Wolle einen Teil ihres Wollfettes zu entziehen. Zum Waschen verwendet man die Seifen, die auch zum Filzen empfohlen werden. Von dem Seifenstück werden Späne abgeschabt, aufgelöst und dem Bad zugegeben. Mit einem Sud aus Panamarinde erzielt man ebenfalls sehr gute Waschergebnisse. Nach dem ersten Waschgang wird ein kleiner Probefilz hergestellt. Fühlt sich die Wolle noch sehr fett an und filzt sie nur mühsam, wird der Waschvorgang wiederholt. Zum Schluß wird die Wolle dreimal gespült und an einem schattigen Platz getrocknet.

Wichtig: Während des Waschens und Spülens sehr behutsam vorgehen. Die Wolle nicht wringen oder reiben. Wasch- und Spülbäder sollen gleiche Temperaturen von höchstens 30 °C haben! Es schadet der Wolle übrigens nicht, wenn man sie nach dem letzten Spülgang in der Waschmaschine leicht ausschleudert.

Zupfen

Unsere sorgsam gewaschene und getrocknete Wolle ist nun griffig, elastisch und von mattem Glanz. Ihr Duft ist ebenfalls sehr angenehm. Beim nun folgenden Zupfen können alle Familienmitglieder und Freunde mithelfen. Dabei ergibt sich gleichzeitig eine gute Gelegenheit zu ausgiebigen Gesprächen. Beim Zupfen wird behutsam vorgegangen, es darf nicht in Zerren oder Reißen ausarten. Man ergreift einen kleinen Wollbausch und legt ihn zwischen Daumenballen und die übrigen Finger beider Hände. Dann wird die Wolle sacht quer zu ihrer Faserrichtung schleierförmig auseinandergezogen. Das nennt man «Öffnen». Die gezupfte Wolle kann gleich sortiert und je nach Qualität auf verschiedene Haufen verteilt werden. Besonders gut gezupfte Wolle muß später nicht unbedingt kardiert werden. Die lockige Struktur kann nämlich ein reizvolles Filzmuster ergeben. Diese Lockenstruktur ist auf den meisten turkmenischen Yurte-Filzdächern sehr deutlich zu sehen. Beim Öffnen und Zupfen der Fasern fallen wiederum Schmutzteilchen heraus.

Kardieren

Das Arbeiten mit einem Paar *Handkarden* ist die Grundtechnik des Kardierens. Jede Karde besteht aus einem rechteckigen Holzstück, auf dem eine dicke Lederplatte befestigt ist. Aus diesem Lederstück ragen dicht an dicht kleine Drahthäkchen, die zum Handgriff hin etwas abgewinkelt sind, heraus.

Die sorgfältig gezupfte Wolle auf einer Karde ausbreiten. Diese Karde wird in die linke Hand genommen und ruht auf dem linken Oberschenkel. Der Griff zeigt nach außen.

Abb. 13: Arbeiten mit Handkarden

Die rechte Hand ergreift die zweite, leere Karde. Der Zeigefinger liegt ausgestreckt auf dem Rücken der Karde. Die Spitzen der Häkchen beider Karden weisen in entgegengesetzte Richtung. Mit der leeren Karde wird nun locker von links nach rechts über die erste Karde gestrichen. Die Karden dürfen nicht schräg zueinander geführt werden, und ihre Zinken dürfen sich beim Bürsten nicht berühren oder gar verhaken! Während des Kardierens egalisieren sich die Wollfasern und werden gleichmäßig und locker.

Hat sich dann die zweite, rechte Karde gefüllt, drehen wir beide Karden so, daß ihre Griffe und Häkchenspitzen in eine Richtung schauen. Nach ein paar Streichbewegungen hat sich die Wolle gelöst und fällt als Faserlocke, auch «Püppchen» genannt, heraus. Dieses «Püppchen» kann wiederum auf die linke Karde übertragen werden, und die Prozedur beginnt von neuem. Wenn hochwertige, gut geöffnete Fasern verwendet wurden, reicht oft schon ein Kardierdurchgang aus, um gutes Filzmaterial zu bekommen. Möchte man Farb- oder Fasermischungen herstellen, sollten zwei oder mehr Durchgänge erfolgen. Beim Kardieren fallen ein letztes Mal Verunreinigungen aus der Wolle heraus.

Kardieren mit der Trommelkardiermaschine

Mit einer Trommelkardiermaschine mit Handkurbel kann man größere Wollmengen schneller kardieren. Zum gründlichen Mischen verschiedener Faserarten und Farben ist sie vorzüglich geeignet. Auf diesem Gerät befinden sich zwei Trommeln, eine größere und eine kleinere. Beide Trommeln sind mit einem Kardenbeschlag belegt. Die Zinkenreihen dieser Beschläge weisen in entgegengesetzte Richtungen, dürfen sich beim Drehen jedoch nicht berühren. Die Trommeln sind durch eine Antriebsschnur miteinander verbunden. Auf das Brettchen vor der kleinen Trommel wird eine Handvoll gut gezupfter Wolle gelegt. Dreht man nun im Uhrzeigersinn an der Handkurbel, erfassen die Häkchen der kleinen Trommel nach und nach die Fasern. Sie werden unter die Trommel gezogen und gestreckt, bis die Zinken der großen Trommel sie erfassen. An dieser Stelle, also zwischen den Rollen, findet der Kardiervorgang statt. Über das Brettchen werden mit der linken Hand fortwährend kleine, breitflächig gezupfte Wollportionen eingespeist, während die rechte Hand langsam die Kurbel betätigt. Bald hat sich auf der großen Trommel ein gleichmäßiges Kardenband aufgebaut. An der Naht des Kardenbeschlages der großen Trommel befinden sich keine Zinken. Dort wird das Wollband abgelöst. Dazu muß ein langer Schraubenzieher o.ä. unter das Faserband hindurchgeführt werden. Mit Fingerspitzengefühl und etwas Mühe trennt man hier den Wollbelag und hebt ihn von der Trommel ab. Das Vlies sollte möglichst unversehrt bleiben.

Abb. 14: Trommelkardiermaschine

6 Von den Farben

Die in diesem Buch abgebildeten Objekte sind durchweg aus naturfarbener – wie vom Tier gewonnen – und pflanzengefärbter Wolle. Purpur- und pinkfarbene Wolle wurde in einem Cochenillesud gefärbt. Cochenille-Läuse züchtet man auf einer Opuntieenart auf den kanarischen Inseln.

Mit der kostbaren, pflanzengefärbten Wolle sollte sparsam umgegangen werden. Es reicht oft schon, wenn sie als farbiger Akzent eingesetzt wird (rote Cochenille-Punkte auf naturweißem Grund, Geschenktüte auf Seite 64).

Bei einer farbigen Fläche besteht oft nur die äußere Schicht aus pflanzengefärbter Wolle, sozusagen als «Blattgoldauflage», wie bei den Schuhen auf Seite 58. Eine weiße Innenschicht, besonders bei Schuhen, erhöht noch den ästhetischen Reiz.

Im Handel gibt es chemisch gefärbte Kardenbänder in vielen Farbtönen (Bezugsquellen im Anhang). Sogenannte Märchen- oder Spielwolle wird in Spezialgeschäften für Naturspielzeug angeboten und ist meistens pflanzengefärbt. Größere Mengen pflanzengefärbter, ungesponnener Wolle kauft man am besten direkt in kunsthandwerklichen Werkstätten. Dabei sollte man nachfragen, ob die Wolle auch wirklich schonend und langsam gefärbt wurde und nicht giftigen Beizen ausgesetzt war.

Wer sich einmal selbst an's Färben wagen möchte, kann auf chemische Textilfarben (Batikfarben) zurückgreifen. Dabei ist die auf den Tüten aufgedruckte Gebrauchsanweisung genau zu beachten.

Färben mit Pflanzen

Das *Pflanzenfärben* wurde im Mittelalter zu den Hexenkünsten gezählt. Pflanzliche Farbstoffe verbinden sich innig mit den Fasern, und es entsteht eine warme Leuchtkraft, die von innen kommt. Pflanzenfarben sind aus Lebensprozessen hervorgegangen. Sie haben eine harmonisierende Wirkung auf den Betrachter und sind Labsal für Augen und Seele. In jedem Pflanzenfarbton schwingt der ganze Farbkreis mit. Die «Härte» der chemischen Farben dagegen rührt daher, daß ihre Pigmente isoliert sind und *auf* der Faser liegen. Überzeugende Beispiele für die vorzügliche Haltbarkeit der Pflanzenfarben zeigen uns alte Gewebe, zum Beispiel koptische Wandteppiche aus dem 5. Jahrhundert. Ihre Farben sind auch heute noch leuchtend und frisch.

Wer sich mit dem Pflanzenfärben befassen möchte, sollte bedenken, daß der Energie- und Wasserverbrauch sowie der Arbeitsaufwand beträchtlich ist. Er sollte möglichst nur leicht nachwachsende Pflanzen verarbeiten. Giftige Beizen wie Kupfersulfat, Zinnchlorid, Eisensulfat u.ä. sollten auf keinen Fall zur Anwendung kommen. In der einschlägigen Literatur werden diese Mittel leider immer noch bedenkenlos empfohlen.

Die Pflanzen unserer Breiten ergeben vorwiegend Gelb- und Brauntöne. Sie variieren je nach Standort und werden von den klimatischen Bedingungen, denen die Pflanzen ausgesetzt waren, beeinflußt. Standort und Zeitpunkt der Ernte spielen ebenso eine Rolle. Sogar die Stimmung des Färbers soll Auswirkungen auf Nuancen und Haltbarkeit haben. Für die folgenden Rezepte wurden Pflanzen verwendet, die jeder aus seiner Umgebung kennt und selbst sammeln kann.

Beizen der Wolle

Der Beizprozeß, der dem eigentlichen Färben immer vorausgeht, schließt die Faser auf und bewirkt, daß die Pflanzensäfte später tief in die Wollfasern eindringen können. Dadurch werden Leuchtkraft, Wasch- und Lichtechtheit gewährleistet.

Rezepte

Braun-rötlich aus Tannenzapfen

1000 g Tannenzapfen, 100 g Wolle

Beizen:
25 g Alaun und 25 g Weinsteinsäure im kalten Wasserbad auflösen. Die Wolle dazugeben. Wie auch später beim Färben, muß die Wolle gut schwimmen können. Das Ganze zum Kochen bringen und häufig vorsichtig bewegen. Eine Stunde köcheln lassen. In einem Beizbadrest ein bis zwei Tage an einem kühlen Ort ruhen lassen, zweimal täglich wenden.

Färben:
Zapfen verschiedener Nadelbäume sammeln und häckseln. Ein bis zwei Tage einweichen, eine Stunde auskochen und absiehen.
Die gebeizte Wolle in den vorbereiteten kalten Tannenzapfensud geben, wiederum langsam zum Kochen bringen. Eine Stunde köcheln lassen und ab und zu bewegen. Im Farbbad abkühlen lassen. Später solange spülen, bis das Wasser klar bleibt.
Tip: Auch beim Spülen muß man der Wolle Zeit lassen. Im ersten Spülbad sollte sie eine Weile liegen, um den Farbüberschuß ausbluten zu können. Man spart anschließend viel Spülwasser!

Mittelgelb aus Ringelblumen

1000 g Ringelblumen,
100 g Wolle

Beizen:
50 g Alaun,
sonst wie Tannenzapfenrezept.

Färben:
Die kleingezupften Ringelblumen eine Stunde auskochen, im Bad auskühlen lassen und abseihen.
Weiteres wie Tannenzapfenrezept.

Goldgelb aus Zwiebelschalen

200 g Zwiebelschalen,
100 g Wolle

Beizen:
20 g Alaun,
10 g Weinsteinrahm,
eine Stunde beizen.

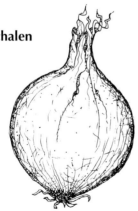

Färben:
Gebeizte Wolle und Zwiebelschalen lagenweise in den Färbetopf schichten, kaltes Wasser einfüllen und eine Handvoll Kupferpfennige dazugeben. Eine Stunde köcheln lassen. Über Nacht im Farbsud auskühlen lassen.

Grüngelb aus Apfelbaumrinde

500 g Apfelbaumrinde,
100 g Wolle

Wenn die Obstbauern im zeitigen Frühjahr ihre Bäume auslichten, fragt man einmal nach den Zweigen und Ästen. Die Zweige komplett zerkleinern, von den dickeren Ästen oder gefällten Apfelbäumen die Bastschichten schälen. Alles zerkleinern und trocknen.

Beizen:
25 g Alaun (wie Tannenzapfenrezept)

Färben:
Apfelbaumrinde zwei Tage einweichen, drei Stunden auskochen, abseihen. Wolle eine Stunde im Sud köcheln lassen.

7 Arbeitsschritte

Zur Herstellung eines guten Wollfilzes sind mehrere Arbeitsschritte nötig:

1. *Ausschneiden der Schablone*, die die Form bzw. das Format vorgibt.
2. *Verteilen der Wollschichten* auf bzw. um die Schablone.
3. Das eigentliche *Filzen,* ein Reiben, Rubbeln, Massieren der Wolle mit Hilfe von warmem Wasser und Seife.
4. Das *Walken* über einer geriffelten Fläche (Waschbrett, Filzbrett, geriffelte Platte am Spülbecken), wobei das Werkstück noch einmal kräftig schrumpft und seine Form beeinflußt werden kann.
5. Beim gründlichen *Spülen* müssen alle Seifenreste restlos entfernt werden.

Schablonen

Alle Schablonen, die zur Herstellung der in diesem Buch beschriebenen Gegenstände dienten, bestanden aus einfachem Karton. Man kann sie aus einer Pappschachtel ausschneiden oder die Rückseite eines Zeichenblocks verwenden. Wellpappe ist nur bedingt zu empfehlen, da sie sich schnell auflöst. Bitte darauf achten, daß der Karton nicht abfärbt.

Beim Zuschneiden der Schablone die Schrumpfung der Wolle beim Filzen bedenken. Deshalb muß die Form rundherum 2 bis 3 cm größer zugeschnitten werden, als das fertige Werkstück tatsächlich sein soll. Der Karton sollte nicht zu dünn sein, damit man ihn wenigstens noch etwas durch die Wollschichten ertasten kann und er den Strapazen der Filzarbeit standhält. Nach getaner Arbeit hat die Pappschablone, unsere «verlorene Form», ausgedient. Meistens hat sie sich dann schon in ihre Bestandteile aufgelöst. Daher ist es sinnvoll, die Umrisse jeder Schablone für später aufzubewahren.

Verteilen der Wolle

Diese vorbereitende Arbeit, die Verteilung der Wolle auf bzw. um die Schablone, hat großen Einfluß auf die Qualität des späteren Filzobjektes. Daher ist sie mit besonderer Sorgfalt auszuführen.

a) Flächiger Filz – Filzplatte

Zum Herstellen eines flächigen Filzes, also einer Filzplatte, dient die Pappschablone nur als Formatvorgabe. Die abgewogene Wollmenge wird in mehrere gleich große Portionen eingeteilt und in dünnen Lagen auf den Kartonuntergrund aufgelegt. Dabei legen wir sie immer abwechselnd einmal in Hauptfaser-

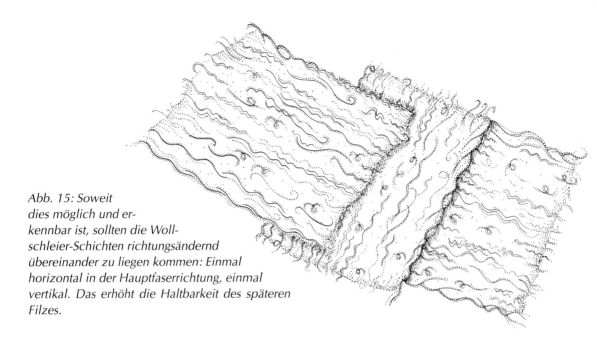

Abb. 15: Soweit dies möglich und erkennbar ist, sollten die Wollschleier-Schichten richtungsändernd übereinander zu liegen kommen: Einmal horizontal in der Hauptfaserrichtung, einmal vertikal. Das erhöht die Haltbarkeit des späteren Filzes.

richtung horizontal, einmal vertikal. (Abb. 15) Damit erhalten die Schindeln am Faserstamm später noch mehr Möglichkeiten, sich zuverlässig zu verhaken. Jede Lage wird mit warmem Wasser besprenkelt und mit der flachen Hand angedrückt, bis sie am Untergrund haftet.

Um das richtige «Filzgefühl» in die Hände zu bekommen, stellt man als Anfänger erst einmal einige «Probefilze» her. Eine Sammlung solcher Filze, in verschiedenen Farben und verschieden dick, kann später sehr nützlich sein, zum Beispiel als Reparaturflicken, zum Applizieren, zum Ausschneiden von Blättchen und dergleichen. Beim Filzen von Probeläppchen kann man die Filzeigenschaften der verschiedenen Faserarten kennenlernen, zum Beispiel den Schrumpfungsgrad, und Mustermöglichkeiten ausprobieren.

b) Formfilz

Es ist spannend und verblüffend zugleich, welche Formenvielfalt man aus Wolle filzen kann. Fast alles ist möglich, wenn einige Regeln beachtet werden. Das gewünschte Motiv wird auf den Karton gezeichnet. Soweit Spitzen und Ecken nötig sind, werden sie etwas abgerundet. Die Schablone größer zuschneiden, als das fertige Werkstück werden soll; im

Schnitt rechnet man mit 2 bis 3 cm Schrumpfung beim Filzen. Der Schrumpfungsgrad allerdings hängt wieder von verschiedenen Faktoren ab: individuelle Arbeitsweise, Dauer und Stärke der Filz- und Walkarbeit, Beschaffenheit der Wolle, zum Beispiel Fettgehalt, Schafrasse etc.

Und so wird's gemacht:
Die abgewogene, gut gezupfte Wolle in dünnen Lagen um die Schablone wickeln (Abb. 16 – 18). Dabei die Hauptfaserrichtung von Lage zu Lage ändern, soweit dies machbar ist. Jede Lage wird mit warmem Wasser durchfeuchtet und mit der flachen Hand ange-

Abb. 16: Schablone mit Musterstreifen

Abb. 18: Wolle um die Schablone wickeln (vertikal)

Abb. 17: Wolle um die Schablone wickeln (horizontal)

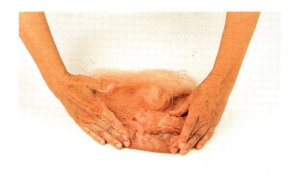

Abb. 19: Jede Lage anfeuchten

drückt (Abb. 19). Das Wasser sollte so heiß sein, wie es unsere Hände gerade noch ertragen. Vor dem Auflegen eines neuen Wollvlieses die Hände abtrocknen, denn nur trockene, luftige Wolle läßt sich gleichmäßig verzupfen und verteilen. Soll das Werkstück eine andersfarbige Innenschicht bekommen, so wird diese zuletzt um die Schablone gelegt (Abb. 20) Die Pappform sollte zum Schluß dicht und fest bewickelt sein. Die Wolle wird fast wie ein Verband um den Karton gezogen. Hier erkennen wir den Vorteil von langfaserigem, gut kardiertem Material.

Unsere Pappschablone befindet sich nun *zwischen* den Wollschichten. Sie hat zwei Aufgaben zu erfüllen, nämlich die Form zu geben und das Zusammenfilzen der Lagen zu verhindern. So kann der gewünschte Hohlraum für Beutel oder Hut etc. entstehen.

Achtung! Stellen, die später besonders strapaziert werden, bekommen eine Extra-Lage Wolle. Dazu gehören u.a. Sohlen, Fersen und Spitzen von Schuhen, die obere und untere Kuppe der Flötenhülle, die unteren Rundungen von Taschen usw. Den kritischen Bereichen wie Rundungen, Spitzen und Einbuchtungen besondere Beachtung schenken. Hier rutschen die Wollschichten während des Bewickelns und im Anfangsstadium des Filzens leicht auseinander, die Folge sind Löcher und dünne Stellen.

Das fertig bewickelte Paket noch einmal mit den Fingerkuppen sehr gründlich nach dünnen Stellen und Löchern abtasten und dort gegebenenfalls noch etwas Wolle auflegen. Anschließend klopft und drückt man die nasse Wollmasse gegen die Form und modelliert alles gut aus. Um spätere Öffnungen kümmern wir uns vorerst nicht. Die Formfilze werden erst dann an den entsprechenden Stellen aufgeschnitten, wenn sie stabil genug sind. Erfahrungsgemäß wird das ganze Stück gleichmäßiger und schöner, wenn man beim Filzen nicht ständig auf die Ränder der Öffnungen achten muß!

Abb. 20: Weiße Wollschicht wird für spätere Innenfarbe um die Schablone gelegt

Filzen

Auf das nasse, vorbereitete Wollpaket werden nun die Seifenspäne oder -flocken gestreut (Abb. 21) und in die Mitte ein kleiner See heißen Wassers gegossen. Mit eingeseiften Händen beginnt man dann, von der Mitte ausgehend, sehr vorsichtig und vorerst mit wenig Druck, zu reiben. Dabei müssen die Hände leicht über das Werkstück hinwegrutschen. Bei kleinen Werkstücken kann das Waschbrett als Filzunterlage benutzt werden (Abb. 22). Schon nach wenigen Minuten setzt der Filzprozeß ein. Wir spüren dies ganz deutlich unter unseren Händen: Die Wollfasern schließen sich zusammen, die vormals weiche, fast fließende Fläche verdichtet sich

Abb. 22: Filzen
Waschbrett als Unterlage. Mit den Händen um die Form fahren.

Abb. 21: Aufstreuen der Seifenspäne

mehr und mehr. Je mehr sie sich stabilisiert, also filzt, um so energischer muß gerieben, gedrückt und massiert werden.

Bei einer *Filzplatte*, wir erinnern uns (s. S. 25), dient die Pappform nur als Formatvorgabe. Daher darf die Wolle nicht über die Schablone hinausrutschen. Wir wollen ja lernen, sie «in Form» zu halten. Deshalb häufiger von außen nach innen streichen als umgekehrt und mit den Handkanten immer wieder um den Karton herumfahren.

Bei einem *Formfilz* ist es sehr wichtig, die Form, die wir uns vorgenommen haben, deutlich herauszuarbeiten. Dazu fahren wir ebenfalls wiederholt um die Form herum und drücken dabei die Wolle gegen die Schablone (Abb. 22). An engen, knifflingen Stellen und kleinen Rundungen arbeiten wir nur mit zwei Fingern. Auf keinen Fall darf die Wollmasse über die Schablone hinausrutschen. Dann wären die Wollschichten ja nicht mehr voneinander getrennt und würden an allen möglichen Stellen zusammenfilzen. Am Ende hätten wir einen unförmigen Fladen mit allerlei Wülsten.

Ist die Wolle zu trocken und zu wenig seifig, so rubbeln wir immer wieder einzelne Faserstränge hoch. Daraus entsteht schließlich eine rauhe, ungleichmäßige Textur, die wir ja nicht wünschen. Also heißes Wasser und Seife hinzufügen.

Während der ganzen Filzarbeit muß überschüssiges, abgekühltes Wasser immer wieder abgedrückt und durch frisches, heißes Wasser sowie Seifenflocken ersetzt werden. Ist das Stück schon ein wenig verfilzt, kann man es ohne Schaden über dem Spülbecken vorsichtig ausdrücken. *Aufgepaßt:* Zuviel Nässe und «Seifenmatsch» erschweren den Filzvorgang, weil die Fasern zerfließen. Ist der Schaum fest und weiß wie Schlagsahne, sind wir auf dem richtigen Weg.

Walken

Gewalkt werden darf erst dann, wenn das Stück gut verfilzt ist, andernfalls könnte man es verderben. Beim Walken, dem kraftvollsten Arbeitsgang, rücken die Fasern noch enger zusammen. Damit erhöhen sich Stabilität und Strapazierfähigkeit. Die Oberfläche wird dicht und glatt.

Abb. 23 und 24: Walken

Auch die endgültige Form des Objektes kann jetzt noch beeinflußt werden. Der Filz schrumpft nämlich in der Richtung, in der gewalkt wird. Das kommt uns zugute, wenn zum Beispiel an der Paßform eines Hutes noch gearbeitet werden muß.

Und so wird's gemacht: Das Filzstück in heißes Wasser tauchen und leicht ausdrücken. Das Filz- oder Waschbrett mit einigen Seifenflöckchen bestreuen. Den eingeseiften Filz kräftig darüberrubbeln. Dabei kann er flach liegen, eingerollt oder zusammengefaltet sein. Wichtig ist nur, daß er von allen Seiten und in alle Richtungen abwechselnd gleichmäßig gewalkt wird (Abb. 23 und 24).

Bei Dingen, die später nicht so stark beansprucht werden, kann man auf den Walkprozeß verzichten. Schuhe, Hüte, Taschen etc. sollten aber unbedingt gewalkt werden.

Abb. 26: Aufschneiden

Abb. 25: Bei der Filzprobe hebt sich das Stück ab

Abb. 27: Entfernen der Schablone

Erst nach erfolgreich verlaufener Filzprobe (Abb. 25, Skizze siehe Seite 33) wird das Stück, soweit es sich um einen Formfilz handelt, an den vorgesehenen Stellen aufgeschnitten (Abb. 26 und 27). Die ausgedienten, aufgeweichten Schablonen können entfernt werden. Das Ganze umkrempeln und die Innenseite ebenfalls kräftig filzen und walken (Abb. 28 bis 30). Die Schnittkanten werden unauffälliger, wenn man sie besonders gut nachfilzt. Dabei darf nicht mit Seife gespart werden.

Abb. 28 bis 30: Filzen und Walken der Innenseite

Spülen

Zum Schluß wird unser «Werk» gründlich gespült. Alle Seifenreste müssen restlos entfernt werden. Seifenrückstände im Filzstück führen mit der Zeit zum Vergilben und zur Brüchigkeit der Wollfasern. Drücken und Wringen können einem gut gearbeiteten Filz nichts anhaben. Sogar einen Schleudergang in der Waschmaschine übersteht er.

Dem letzten Spülbad einen Schuß Essig zugeben. Das schafft der Wolle ein günstiges «Milieu» (Abb. 31).

Abb. 32: Filzprobe

Abb. 31 Zwei fertig gefilzte und gespülte Beutel aus einer Schablone

Wenn man noch Einzelfasern aus dem Filz herauszupfen kann und er sich nicht im Ganzen von der Unterlage abheben läßt, muß noch eine Weile weitergearbeitet werden

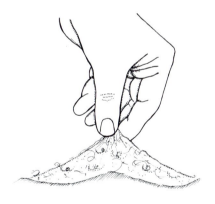

Der Filz ist fertig, wenn sich das ganze Stück mit Daumen und Zeigefinger von der Unterlage abheben läßt, ohne daß sich zu viele Einzelfasern ablösen.

8 Wichtige Tips

Filzprobe

Der Filz wird mit Daumen und Zeigefinger erfaßt. Dabei muß er sich vollständig vom Untergrund abheben lassen. Lösen sich noch zuviele Einzelfasern oder werden sie sogar herausgezupft, muß noch eine Weile weitergefilzt werden (Abb. 32).

Die Schere

Die Schere ist natürlich unentbehrlich, wenn Öffnungen und Schlitze in den Formfilz geschnitten werden müssen. Zum Ausschneiden von kleinen Blättchen etc. zu Dekorationszwecken wird sie ebenfalls gebraucht, ebenso wenn die zu große Hutkrempe gestutzt werden muß.

Zu überlegen ist jedoch, ob das Bild nun unbedingt exakt viereckig zurechtgeschnitten werden muß und ob die Beutelkante wirklich schöner aussieht, wenn man sie gerade schneidet. Sichtbare Arbeitsspuren unserer Hände und organische Formen werden der Technik und dem Material gerechter und machen das Stück viel lebendiger.

Wenn aber geschnitten werden muß, die Schnittkanten abstumpfen oder noch einmal nachfilzen, damit sie nicht so scharf aussehen.

Löcher oder dünne Stellen

1. Die Wolle wurde am Anfang ungleichmäßig verteilt.
2. Durch zu heftiges Reiben sind die Wollschichten zu Beginn der Filzarbeit auseinandergerutscht.

Das kann man tun:

Bemerkt man den Fehler rechtzeitig, wenn der Filzprozeß noch nicht sehr weit fortgeschritten ist, wird an den betreffenden Stellen noch etwas Wolle aufgelegt. Sie wird sich noch zuverlässig mit einfilzen.

Fertige Filze haben dagegen keine «Häkchen» mehr frei, um noch neue Wolle zu ergreifen. Dann wird mit einem Flicken repariert: Ein entsprechendes, separat gefilztes «Wollpflaster» oder ein dünnes Stück Probefilz mit möglichst kleinen, unsichtbaren Stichen aufsetzen. Hier noch einmal kräftig filzen. Oft integriert sich der Flicken so gut, daß man die Reparaturstelle kaum noch sieht.

Wülste an den Rändern eines Formfilzes

Dieser Fehler ist sehr häufig und entsteht dann, wenn die Wolle beim Filzen über den Schablonenrand rutscht. Die Pappe kann dort die Wollschichten nicht mehr voneinander trennen, und sie filzen zusammen.

Das kann man tun:
Von Anfang an darauf achten, daß die nasse Wollmasse immer gut gegen den Papprand gedrängt wird, und häufig mit den Handkanten um die Form herumfahren. Ist der Wulst aber einmal da, versucht man, ihn als ein «zufälliges Gestaltungselement» zu akzeptieren. Kleine Wülste und solche, die noch locker sind, kann man wegmassieren: Schablone entfernen, Wulstbereich flachstreichen und kräftig filzen und walken.

Formloser, löchriger «Fladen»

In diesem Fall wurde die Wolle über das vorgegebene Pappformat hinausgerieben. Dadurch wurde das Mittelteil immer dünner. Also die Wolle «disziplinieren», immer wieder um die Form herumfahren und die Wolle zurückdrängen. Mit kreisenden Bewegungen häufiger von außen nach innen arbeiten als umgekehrt und nicht zu früh auf's Walkbrett!

Weiche Ränder

Hier haben wir das Stück nicht gleichmäßig bearbeitet. Stellen, die etwas unbequemer zu bearbeiten sind, werden gern vernachlässigt. Dazu gehören Ränder, Ecken, Rundungen und Einbuchtungen.

Das ganze Filzstück ist weich und locker

1. Es liegt vielleicht an der Wollsorte.
2. Beim Durchfeuchten der Wolle wurde sie nicht energisch genug angedrückt. So erreicht die Nässe nicht alle Schichten, und es bleibt zuviel Luft zwischen den Lagen. Sie filzen dann nicht gut zusammen.
3. Mit fortschreitendem Filzprozeß wurde nicht kräftig genug gearbeitet.
Das kann man tun:
Alles noch einmal mit heißem Wasser durchnässen und filzen.

Schiefes Filzteil

Die Wolle geht immer in *die* Richtung ein, in die gefilzt und gewalkt wird. Eine Filzmatte, die vorwiegend in der Mitte gerieben wurde – und hier geht es natürlich am besten –, erhält eine «Taille».
Das kann man tun:
Filzen und Walken von allen Seiten und besonders in die Richtung, die noch schrumpfen muß.

Faserige, rauhe Oberfläche

1. Wir haben es mit grobem Material zu tun, das viele Grannenhaare aufweist.

2. Unsere Hände sind während der Filzarbeit schlecht geglitten, weil mit Seife und Wasser gespart wurde.

3. Es wurde zu früh mit dem Walken begonnen.

Der Filzprozeß erscheint einem sehr lang

1. Man arbeitet mit einem Material, dessen Filzkraft naturgemäß gering ist.

2. Es wird die ganze Zeit zu zaghaft gearbeitet (was am Anfang jedoch nötig ist!).

3. Die Fasern sind im kalten, wäßrigen «Seifenmatsch» ertrunken.

Das kann man tun:

Kaltes Wasser abdrücken, mit weniger Wasser und festem Schaum mutig weiterarbeiten!

Der Satz: «Das wird doch nie was!» war fast in jedem Filzkurs einmal zu hören und wurde jedesmal widerlegt!

In der Tat kann es einen Anfänger schon etwas entmutigen, wenn ihm die nassen Schuhe übergroß und formlos an den Füßen baumeln oder der Hut schlapp, fast bis zum Kinn herunterhängt. In diesem Stadium, kurz nach dem Entfernen der Schablone, ist das jedoch kein Grund zur Beunruhigung. Also, unerschrocken weiterarbeiten, dann wird «doch noch ein Schuh daraus»!

9 Vielfältige Gestaltungs- möglichkeiten

Ein weites Feld dekorativer Gestaltungsvaria-
tionen zeigen folgende Beispiele, die zu-
gleich die Erfindungsgabe jedes einzelnen an-
regen sollen:
– Filzen von Kügelchen
– Marmorierter Filz
– Farbmischung
– Karierter Filz
– Pünktchenmuster
– Malen mit Fasern
– Fransen einfilzen
– Applizieren
– Besticken, Steppen von Filz

Filzen von Kügelchen

Filzkugeln in den unterschiedlichsten Größen
kann man immer gebrauchen: zum Beispiel
für Filzschmuck, Ketten, Kirschen, Trauben,
Puppenköpfchen und Knöpfe.
Und so wird's gemacht:
Die Wolle zu einem sehr festen kleinen Knäuel wickeln. Das ist gar nicht so einfach und
braucht etwas Übung. Das Kügelchen in heißes Wasser tauchen und zwischen den eingeseiften Handflächen rollen und drehen. Zunächst sehr sacht, sonst werden sie platt. Zum
Schluß mit aller Kraft arbeiten, was gleichzeitig eine gute Handmassage ist. Zur Herstellung
einer Kugel braucht man ca. 15 Minuten!

Marmorierter Filz

Ein andersfarbiger (es dürfen auch mehrere
Farben sein), sehr dünner Wollschleier wird
mit den Fingern verzupft und als letzte
Schicht verteilt.
Siehe Buchhülle mit Stern Seite 72, weiße
Flötenhülle Seite 70, Klapperball Seite 68.

Farbmischung

Bewickelt man die Schablone in einer Farbe
und legt eine letzte, sehr gleichmäßige Schicht
in einer anderen Farbe auf, so ergibt sich ein
Mischton aus beiden Farben. Das erkennt man
aber erst, wenn der Filzprozeß fortgeschritten
ist und die Fasern der unteren Schicht gleichmäßig «durchgeschlagen» sind. Zarte Pastelltö-
ne entstehen, wenn auf die untere, farbige
Schicht eine weiße Schicht gelegt wird.
Siehe Sackpuppe Seite 79 Unter der weißen
Außenschicht liegt eine rote Wollschicht. Es
entsteht ein zarter Rosé-Schimmer.

Karierter Filz

Dünne Wollfäden (kein «Superwash»-Garn)
karoartig auf bzw. um die Schablone legen oder
wickeln. Die Wollschichten auflegen, filzen!
Siehe Buchhülle Seite 72, Flötenhülle Seite 70.

Pünktchenmuster

Kleine Wollflusen in nassem Zustand zwischen Daumen und Zeigefinger beider Hände schneckenförmig aufrollen, auf die Schablone «kleben», Wollschichten darüber, filzen! Siehe weiße Geschenktüte Seite 65, Filzbilder Seite 43, Fliegenpilzschuhe Seite 58.

Malen mit Fasern

Fast wie mit dem Pinsel kann man «mit Wollfasern malen». Dazu eignet sich sehr langfaserige Wolle am besten. Die Fasern werden vollständig durchnäßt. So können wir sie in alle gewünschten Formen legen und wie Pinselstriche fließen lassen. Wer möchte, zeichnet vorher sein Motiv auf die Pappschablone. Wenn alles «bemalt» bzw. belegt ist, die Wollschichten verteilen.
Gefilzt wird natürlich immer die Rückseite, damit unser Gemälde nicht verrutscht.
Siehe Filzbilder Seite 43, große Geschenktüte mit bunten Sternen Seite 64, Lesezeichen, Seite 47 Wärmflaschenhülle Seite 57.

Fransen einfilzen

Mitten zwischen die Wollschichten werden lange Wollfäden (kein «Superwash»-Garn) gelegt. Man läßt sie an den gewünschten Stellen herausragen. Die Fäden filzen zuverlässig mit ein.

Siehe Lesezeichen Seite 47, Puppenteppich Seite 47.

Applizieren

Dünne, ausgeschnittene Motive aus Filz werden auf das fertige Filzstück mit kleinen, möglichst unsichtbaren Stichen appliziert. Die Fläche noch einmal nachfilzen.
Wichtig: Nur dünne Filzapplikationen integrieren sich gut in den Untergrund. Dicke Motive wirken dagegen plump.
Siehe Stern auf der Buchhülle Seite 72, Schäfchen Seite 51.

Besticken, Steppen

Filzuntergrund bietet sich zum Besticken geradezu an. Dabei darf man seiner Fantasie freien Lauf lassen, wie die Indiofrauen beim Verzieren ihrer Hüte. Perlen, Seiden- und Metallfäden und vieles mehr können verarbeitet werden. Ausgeschnittene Filzblättchen wirken sehr plastisch, wenn man die Blattäderchen (siehe Schatzbeutel Seite 73 f. und Ansteckschmuck Seite 54 f.) mit Nähseide und Steppstichen sehr fest stickt. Auf diese Weise stellt man auch ein kariertes Steppmuster über eine größere Fläche her.

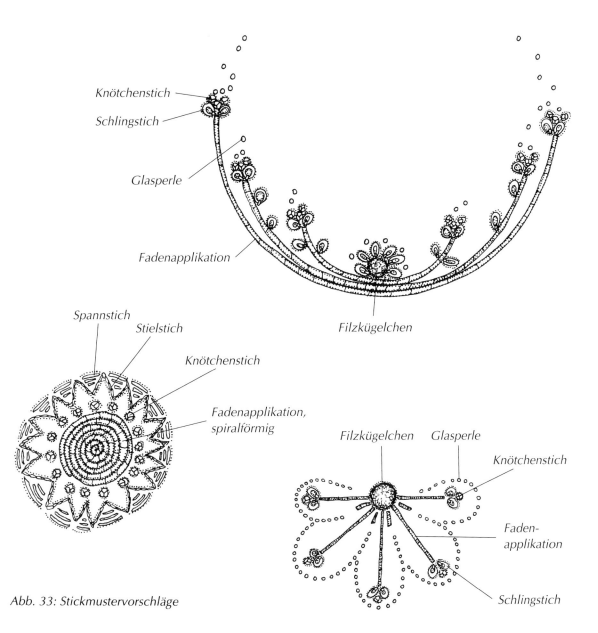

Abb. 33: Stickmustervorschläge

Sticharten beim Besticken von Filz

1. Plattstich, Spannstich

Beim Plattstich oder Spannstich ist es wichtig, daß die Stiche sehr dicht nebeneinander liegen. Stickt man mehrere Reihen, z.B. beim Puppenhaar, so liegen die Stiche etwas versetzt, also jeder neue Stich zwischen zwei Stichen der vorhergehenden Reihe.

2. Stielstich

Beim Stielstich ist darauf zu achten, daß die Fäden sich gut aneinander schmiegen. Er eignet sich für feine Linien. Zwei gegenläufige Stielstichreihen ergeben ein zopfartiges Muster.

3. Schlingstich

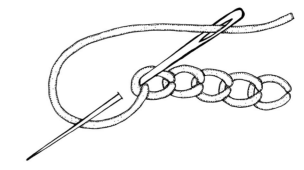

Der einfache Schling- oder Kettstich kann vielfältig eingesetzt werden: Blätter, Linien, Umrandungen etc. Dabei liegt der Stickfaden immer unter der Nadel, und es wird in den Punkt gestochen, aus dem die Nadel herauskam.

4. Knötchenstich

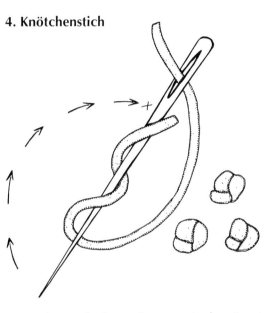

Besonders auf Filz ist der Knötchenstich sehr dekorativ. Für florale Motive und Streumuster ist er unentbehrlich. Die Nadel beschreibt, wie die Zeichnung zeigt, einen Bogen und wird senkrecht, direkt neben der Stelle, an der der Faden aus dem Untergrund kam, zurückgestochen. Zuvor wurde der Faden um die Nadel geschlungen. Für kleine Knötchen reicht eine Schlinge, größere Knötchen benötigen zwei oder mehr Umschlingungen.

5. Fadenapplikation

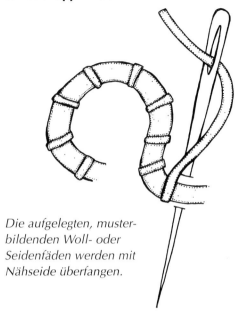

Die aufgelegten, musterbildenden Woll- oder Seidenfäden werden mit Nähseide überfangen.

Malerische Muster lassen sich mit dieser Sticktechnik herstellen. Dabei werden die aufgelegten, musterbildenden Woll- oder Seidenfäden mit Nähseide überfangen und so fixiert. Siehe auch Schatzbeutel S. 73/74, rotes Brillenfutteral S. 71.

10 Filzen mit Kindern

Kinder, kleine wie große, finden am Filzen durchweg großes Gefallen. Da ist einmal der herrliche warme Seifenschaum, mit dem man nach Herzenslust «herummatschen» kann. Hinzu kommen die Überraschungen,

die diese Technik immer wieder bietet. Wenn wir im Sommer unseren Filztisch ins Freie tragen und mit der Arbeit beginnen, finden sich recht bald kleine Zaungäste ein, und die Frage: «Darf ich auch mitmachen?» läßt nicht lange auf sich warten. Kleinen Kindern gibt man etwas bunte Wolle in die Hand und läßt sie einfach mittun. Die Kleinen mit ihren lebhaften Fantasiekräften stellen plötzlich strahlend fest, daß aus ihrem Wollbausch ein «Reh» oder ein «Armband» geworden ist. Kleine, bunte «Filzwürstle» oder andere Zufallsgebilde werden später, zusammen mit dicken Perlen, zu einer lustigen Kette aufgereiht. Es ist immer wieder beglückend und erstaunlich zu beobachten, wie geschickt und eifrig Kinder mit der Filztechnik umge-

hen. Sogar die «Wildfänge» sind bald mit großem Ernst und roten Wangen bei der Arbeit. «Seifen-Schlachten», wie man sie vielleicht erwarten könnte, habe ich nie erlebt.

Wenn der Erwachsene ein wenig hilft, gelingen schon Sechsjährigen Flötenhüllen und Umhängebeutelchen. Wird ihnen einmal gesagt, wie Bilder oder Bälle «gehen», machen sie sich meistens gleich selbständig an die Arbeit. Die Kinder haben ein besonders gutes Gefühl dafür, wann die Wolle soweit verfilzt ist, daß energischer gearbeitet werden darf.

Größere Kinder filzen gern Bälle, mit denen man auch in der Wohnung spielen kann. Wer von Zuhause ein altes Wollknäuel, das zu nichts mehr zu gebrauchen war, holt, kann gleich anfangen. Sind am Abend mehrere Bälle fertig geworden, können sie alle zusammen in der Waschmaschine ausgeschleudert werden. Dann trocknen sie schneller und sind am nächsten Tag zum Spielen bereit.

42

Abb. 34: Filzball am Gummiband

Das beliebte «Dosenumwerfen» geht mit Filzbällen besonders gut: Leere Blechdosen werden pyramidenförmig aufgestellt, der Werfer steht im Abstand von ca. fünf Metern davor und versucht, möglichst viele Dosen umzuwerfen.

Beim «Filzball-Boccia» stellen sich alle Mitspieler hinter einer Linie auf und versuchen, nacheinander ihren Ball möglichst nahe an einen Gegenstand, der zehn bis fünfzehn Meter entfernt liegt, zu werfen oder zu rollen.

Abb. 35

Filzbilder (Malen mit Fasern)

Ältere Kinder und Jugendliche lieben es, mit «Fasern zu malen». In bezug auf Formgefühl und Unbekümmertheit sind sie den Erwachsenen dabei weit überlegen. Wenn sie dann auch noch ihr Lieblingsmotiv «malen» dürfen, entstehen vielleicht so schöne Bilder wie die folgenden:

Es war für jedes Kind das erste «gemalte Filzbild». Die Arbeitszeit betrug drei bis vier Stunden. Das Motiv war mit Bleistift (auf keinen Fall Filzstift benutzen, der färbt ab!) auf den Pappgrund gezeichnet worden.

Sportwagen: Constantin, 11 Jahre
Pappgrund: 28 x 29 cm
fertiges Bild: 22 x 25 cm
Gewicht: 15 g

Constantin legte zuerst die dünnen Konturen aus völlig durchnäßter, sehr langfaseriger Alpakawolle auf den Untergrund. Das machte er mit viel Geduld und Fingerspitzengefühl. Als nächstes wurden Scheinwerfer und Fenster ebenfalls mit durchtränkter Wolle belegt. Über die ganze Autoform kam anschließend die pinkfarbene, *trockene* Wolle. Sie wurde erst nach dem Auflegen mit warmem Wasser benetzt, ebenso wie die blaue Schicht, die dann über das ganze Bildformat ausgebreitet wurde. Zum Schluß kam die weiße Wolle schleierartig darüber. Das Filzen erfolgte anfangs sehr sanft, damit sich ja nichts verschob. Auch wenn es schwerfällt, umdrehen darf man erst dann, wenn die Filzplatte stabil genug ist!

Ratte: Corinna, 13 Jahre
Pappgrund: 33 x 26 cm
fertiges Bild: 29 x 23 cm
Gewicht: 25 g

Corinna zeichnete ihre geliebte, zahme Ratte auf den Karton. Dann legte sie das Auge, das linke Ohr, die grauen Fellpartien und das Gelbe der Gänseblümchen auf. Bis auf den Fellbereich wurde alles vor dem Auflegen durchnäßt. Es folgte die zweite Schicht: rosa Näschen, Füßchen, Schwanz, das Weiße der Gänseblümchen. Das weiße Fell wurde wiederum trocken über die gesamte Körperform

Abb. 36

ausgebreitet, besprenkelt und angedrückt. Anschließend kam das rechte Ohr an seinen Platz. Aus verschiedenen Grüntönen entstand die Wiese: trocken auflegen, besprenkeln, andrücken. Beim Himmelsblau wurde ebenso verfahren. Den Abschluß und die Rückseite schließlich bildete eine weiße Wollschicht, die gleichzeitig «Schönwetterwolken» darstellte.

Clown: Wanda, 14 Jahre
Pappgrund: 33 x 26 cm
fertiges Bild: 32 x 22 cm
Gewicht: 28 g

Wanda mag Clowns. Entsprechend liebevoll hat sie dieses Clown-Portrait ausgeführt. Alle Details, die oben liegen sollen, wie Augen, Mund, Nase, Wangen, die Konturen der Schleife etc. wurden zuerst *naß* aufgelegt.

Abb. 37

Dann folgte wieder Schicht auf Schicht, wie bereits bei den vorangegangenen Bildern beschrieben. Besonders gut ist das Clowns-Kostüm gelungen.

Nachdem die grüne Schleife aufgelegt und durchtränkt war, kamen die Streifen des Karomusters an die Reihe. Dann erst wurden die Kästchen mit bunter Wolle ausgelegt.

Merke: Nur für Konturen, kleine Details und Muster wird die entsprechende Wollmenge vor dem Auflegen durchtränkt. So können wir Konturen wie einen «Pinselstrich» fließen lassen, formen und biegen. Durch die Nässe «klebt» alles gut auf dem Pappgrund. Größere Flächen hingegen müssen luftig bleiben und können nur in trockenem Zustand gleichmäßig verzupft und ausgebreitet werden. Daher *vor dem Auflegen einer neuen Wollschicht immer die Hände abtrocknen!*

Weitere Bilder:

Abb. 38

Zwei Häschen, Wanda, 14 Jahre:
(Das weiße Häschen ist aus echter Angorakaninchenwolle gefilzt und später gebürstet worden.)

Clown bei Nacht, Corinna, 13 Jahre.

Abb. 39

45

Jüngere Kinder sollten das Motiv natürlich nicht vorzeichnen. Sie bekommen ein Körbchen mit farbigen Wollflocken, eine Pappform, ein Stück Seife und einen Topf mit warmem Wasser. Häufig «malen» sie dann ihre Lieblingsthemen (Abb. 40 und 41).

Abb. 40: Haus, Baum, Himmel: Nancy, 6 Jahre.

Abb. 41: Baum, Himmel, Sonne: Julia, 6 Jahre.

Was Kinder gerne filzen

Weitere Kinderarbeiten:

Beutel mit «Glitzer bestickt» (Abb. 42),
Tasche mit Klappe und kleiner Ball (Abb. 42),
Lesezeichen (Abb. 43),
Puppenteppich (Abb. 44, 45)

Abb. 42: Beutel mit «Glitzer bestickt», Tasche mit Klappe und kleiner Ball

Bei der Arbeit an der kleinen Umhängetasche mit Klappe benötigte die 8-jährige «Filzerin» ein wenig Unterstützung. Siehe dazu Skizze Filzkuvert Seite 67.
Wer Lesezeichen herstellen möchte, sollte darauf achten, daß sie nicht zu dick werden – das könnte später dem Buch schaden.

Abb. 43: Lesezeichen

Abb. 44: Puppenteppich

Abb. 45: Puppenteppich mit eingefilzten Fransen
(schematische Darstellung)

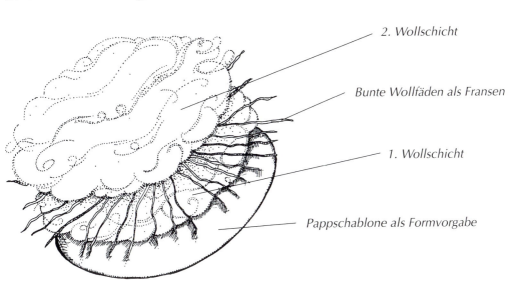

2. Wollschicht

Bunte Wollfäden als Fransen

1. Wollschicht

Pappschablone als Formvorgabe

11 Die Geschichte von der Hütehündin und dem Lamm

Eine Geschichte, die Kinder zu farbigen Wollfilzbildern anregen kann:

Es war einmal ein kleines munteres Lamm, das hatten alle Schafe der Herde gern. Sein Fell war seidig, lockig und hell, sein Mäulchen rosig und seine Augen so strahlend, daß es eine Freude war, es anzuschauen.
Auch die betagte Hütehündin mit dem schwarzbraunen Zottelfell hatte das Lämmchen lieb und ließ es sogar gewähren, wenn es allerlei Schabernack mit ihr trieb. Großes Vergnügen bereitete es nämlich dem Lämmchen, die Hündin in ihrer wohlverdienten Mittagsruhe zu stören. Dann sprang es übermütig um sie herum, stupste sie von allen Seiten und blökte ihr laut in die Ohren. Meistens blinzelte die gutmütige Alte dann nur ein wenig und ließ sich sonst nicht weiter stören. Manchmal trieb das Lämmchen es jedoch gar zu bunt: Es nahm Anlauf, senkte den Kopf und rammte der Hündin mit seiner harten Stirn in die Seite. Dann erhob sich die Schwarze, schüttelte sich kurz und ließ ein tiefes, rauhes «Rawau, Rawau» ertönen. Darauf schien das Lämmchen nur gewartet zu haben. Mit hohen Sprüngen jagte es davon, die Hündin hinterdrein. Oft holte sie es ein und schnappte spielerisch nach den Hinterläufen, dabei hörte man sie leise knurren. Die Mutter des Lämmchens schaute während solch wilder Spiele nur manchmal kurz auf, und ohne sich weiter zu beunruhigen, graste sie friedlich weiter. Sie kannte die Schwarze schon seit Jahren und wußte, daß sie sanftmütig und zuverlässig war. Wenn das Lämmchen vom Herumtollen müde geworden war, lief es zu seiner Mutter, um sich an der guten Milch zu laben. Die Hündin wandte sich dann wieder ihrer gewohnten Arbeit zu: die Herde zu bewachen und beisammenzuhalten.
Eines Tages entdeckte das Lämmchen einen blauen Falter, der lustig über die wolligen Rücken der Schafe hin- und hergaukelte. Neugierig sprang es ihm nach. Als es nach einer Weile um sich schaute, bemerkte es, daß es in einer ganz fremden Gegend war. Den hübschen

Abb. 46

blauen Schmetterling hatte es längst aus den Augen verloren, und am Himmel zogen dicke Wolken auf. Das Lämmchen stand ganz verlassen da und blökte ängstlich. Niemand antwortete ihm, niemand war zu sehen, kein Schaf, kein zottiger schwarzer Hund, kein Hirte.

Die dunklen Wolken am Himmel hatten sich bedrohlich aufgetürmt. Schon zuckte der erste Blitz, und kurz darauf begann es zu grollen, zu stürmen und zu regnen. Das Lamm irrte ziellos umher, bis es in einen Wald geriet. Es lief immer tiefer und tiefer in den Wald hinein und sank schließlich vor Erschöpfung nieder. Zitternd und naß lag es nun in dem fremden, dunklen Wald und wußte nicht aus noch ein. Endlich fielen ihm vor Müdigkeit die Augen zu.

Während das Lämmchen weggesprungen war, hatten der Schäfer und seine Hündin viel zu tun gehabt. Wegen des herannahenden Unwetters sollte die Herde dem Stall zugetrieben werden. Erst durch das laute, angstvolle Rufen des Muttertieres bemerkten sie, daß das Junge fehlte. Der Hirte besann sich nicht lang. «Such, Nellie, lauf», rief er der Schwarzen zu. Die wußte sofort, worum es ging und hatte auch schon die Spur aufgenommen. Der feine, süße Duft des Lämmchens war ihr nur zu gut bekannt. Die Nase schnüffelnd am Boden lief sie in Zickzacklinien davon. Der Schäfer sah ihr nach. Sie kümmerte sich nicht um Blitz und Donner. Einmal blieb sie stehen, hob den Kopf und sog die Luft tief ein, um dann geradewegs dem Wald zuzurennen: Da verlor sie der Hirte aus den Augen.

Ein tiefes, rauhes Bellen ließ das Lämmchen erschrecken. Dann sah es eine große schwarze Gestalt auf sich zukommen und erkannte bald die Hütehündin. Mit einem kläglichen, langgezogenen «Määäh» eilte es ihr auf wackligen Beinchen entgegen. Die Hündin hechelte vor Anstrengung und Freude und schüttelte die Nässe aus dem Zottelfell. Dann fuhr sie dem Lamm mit der Zunge über's Gesicht. Ohne sich noch lange aufzuhalten, packte sie es energisch und behutsam zugleich am Fell und lief zum Wald hinaus. Zweimal mußte sie unterwegs eine Pause einlegen. Die Anstrengung überstieg fast ihre Kräfte. Wie sie das Lämmchen so trug, überkamen sie Erinnerungen an längst vergangene Tage, als sie einmal ihre eigenen Jungen so getragen hatte. Endlich erreichten sie den schützenden Stall. Die erschöpfte Retterin ließ das Lamm in's Stroh fallen. Das rappelte sich aber bald wieder auf, um zu seiner Mutter zu laufen. Dort stärkte es sich mit süßer, warmer Milch und vergaß alle Schrecken. Einige Schafe waren neugierig herbeigeeilt, um Lämmchen und Hund aus der Nähe zu betrachten. Andere schauten von weitem oder blökten leise. Eine friedliche Stimmung erfüllte den Stall. «Gut gemacht, meine brave Alte», sagte der Schäfer und strich der Hündin über den Kopf. Sie blickte mit ihren klugen, sanften Augen zu ihm auf. An diesem Abend entschloß sich der Hirte, ihr einen jungen Hund hinzuzugesellen, der von ihr lernen und in Zukunft die anstrengenden Arbeiten übernehmen sollte.

12 Arbeitsanleitungen

Kopfbedeckungen

Baskenmütze schwarzbraun

Formfilz
Pappschablone – 35 cm incl. Schrumpfung
90 g Wolle

Diese klassische Baskenmütze hat eine Besonderheit: Sie besteht zu zwei Drittel aus Schafwolle und zu einem Drittel aus Hundewolle. Die beiden Wollen sind im Farbton nahezu identisch und wurden mit Handkarden miteinander vermischt.
Die Wolle in gleichmäßigen Lagen um die Kartonscheibe legen. Jede Lage durchfeuchten. Erst nach erfolgreicher Filzprobe die kreisrunde Öffnung knapp ausschneiden.
Beim Aufsetzen weitet sie sich noch!

Abb. 47

Baskenmütze violett

Formfilz
Pappschablone – 35 cm incl. Schrumpfung
80 g Wolle

Diese Mütze besteht zu einer Hälfte aus Schafwolle (nachtblau) und zur anderen Hälfte aus Angorakaninchenwolle (gefärbt mit Cochenille-Läusen). Die beiden Wollen wurden *nicht* miteinander kardiert.
Zuerst die Angorawolle um die Pappscheibe verteilen. Dazu sind Fingerspitzengefühl und Geduld nötig, da die Wolle «fliegt» und an den Händen hängenbleibt. Nur mit viel Nässe wird es gelingen, die Angorawolle auf dem Pappgrund zum «Haften» zu bringen. Die Schafwolle zum Schluß verteilen. Die Nässe gut durchdrücken, seifen, filzen. Die Schafwollseite wird später nach innen gekrempelt, so daß die flauschige Angoraseite das Äußere bildet. Nach dem Trocknen gut bürsten! Durch den hohen Angoraanteil muß mit einer längeren Filzzeit gerechnet werden als bei der schwarzbraunen Baskenmütze.

Abb. 48

Tip:
Wenn die Baskenmütze nicht gut sitzt oder die Öffnung zu groß geschnitten wurde, faßt man sie mit einem Band ein. Eine gute Paßform läßt sich auch erreichen, wenn die Öffnung mit einer Schlingstichreihe umstickt und anschließend mit einigen Reihen fester Häkelmaschen versehen wird.

Bubenhut mit Feder

Formfilz
Schablone siehe Abb. 51
80 g Wolle

Die Wolle in vier ungefähr gleiche Lagen teilen. Die erste Lage vertikal, schleierartig ausgezogen auf einer Schablonenseite auflegen, durchfeuchten und einige Zentimeter um den Rand der Form ziehen. Schablone wenden, zweite Lage ebenso verteilen. Anschließend die dritte Lage horizontal darüber ausbreiten, durchfeuchten und einige Zentimeter um den Rand legen. Schablone noch einmal wenden und die letzte Wollschicht auch hier horizontal auflegen. Ist alles verteilt, durchnäßt und in Form gebracht, das Paket nach dünnen Stellen abtasten. Die Hutspitze ist ein kritischer Bereich, hier eventuell noch etwas zusätzliche Wolle verteilen. Der Krempenbereich darf etwas dünner ein. Erst nach erfolgreich verlaufener Filzprobe wird der Hut im

Abb. 49: Bubenhut mit Feder

Krempenbereich aufgeschnitten. Die Schablone herausziehen, den Hut umkrempeln und ihn flach so hinlegen, daß die Ränder in der Mitte liegen. Wenn man die Seiten immer gut gegen die Pappform gedrückt hat, sind hier keine Wülste entstanden. Durch kräftiges

Abb. 50: Wanderhut mit Schäfchen

51

Filzen, Massieren und Walken kann jetzt aber noch vieles ausgeglichen werden. Zuletzt wird der Hut direkt auf dem Kopf ausgeformt. Dazu setzt man dem Kind eine enge Badekappe auf und stülpt den warmen, gut eingeseiften Hut darüber. Mit beiden Händen reiben, drücken und massieren. Den Hut immer wieder auf dem Kopf drehen und ab und zu umkrempeln. Die Krempe zwischen den Handflächen reiben und formen und in die gewünschte Form biegen. Zwischendurch den Hut auf das Walkbrett «stellen», um die Krempe zu walken und zu glätten. Dann noch einmal frisch einseifen, aufsetzen und solange arbeiten, bis der Hut «sitzt».

Man sollte sich für einen Hut mindestens ein bis zwei Stunden Zeit nehmen.

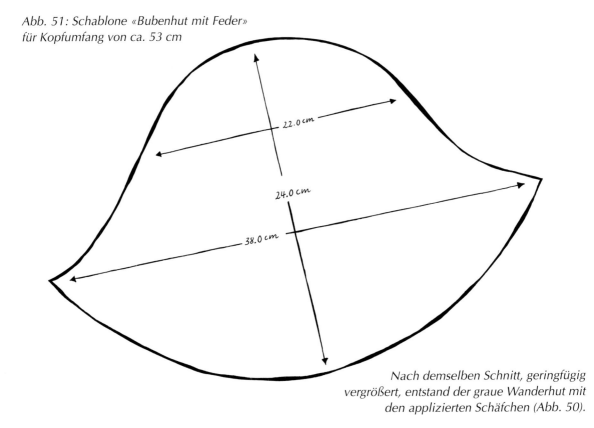

Abb. 51: Schablone «Bubenhut mit Feder» für Kopfumfang von ca. 53 cm

Nach demselben Schnitt, geringfügig vergrößert, entstand der graue Wanderhut mit den applizierten Schäfchen (Abb. 50).

Lila Hut mit Traubenschmuck

Formfilz
Schablone siehe Abb. 52
100 - 120 g Wolle (50 % weiß, 50 % violett)
ca. 30 g grüne Wolle für die Trauben
etwas weißen Probefilz für das Blatt
Zuerst wird die lila Wolle um die Pappform gezogen und gewickelt, dann kommt die weiße Wolle, die später die Innenseite bildet, darüber.
Filzen und Walken wie «Bubenhütchen». Achtung! Dieser Hut hat ein hohes Kopfteil. Das wird erst nach dem Spülen nach innen gedrückt und ausgeformt. Zum Trocknen den Hut auf der Krempe auf ein Handtuch «stellen», alles gut glattstreichen und -klopfen.

Abb. 53: Lila Hut mit Traubenschmuck

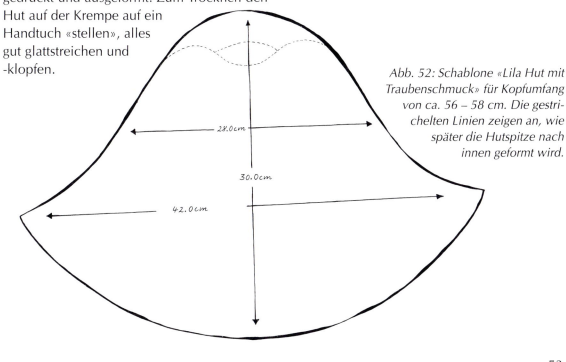

Abb. 52: Schablone «Lila Hut mit Traubenschmuck» für Kopfumfang von ca. 56 – 58 cm. Die gestrichelten Linien zeigen an, wie später die Hutspitze nach innen geformt wird.

Filzschmuck

Eichblatt-Ansteckschmuck

Das grüne Blatt, Länge ca. 10 cm, aus einem sehr dicken, festen grünen Probefilz ausschneiden. Mit festen Steppstichen die Äderchen sticken.
Für jede Eichel werden ca. 2 g Wolle benötigt. Daraus zunächst eine sehr feste Kugel wickeln und filzen (siehe Filzen von Kügelchen, Seite 37). Hat die Kugel eine gewisse Stabilität erreicht, wird sie zwischen den Handflächen sehr energisch zu der Eichelform gerollt. Zur Herstellung der kleinen Eichelschälchen wickelt man um eine kleine Pappschablone, die etwas größer sein sollte als die fertige Eichel, etwas Wolle und filzt diesen Rohling. Ist er fest genug, in der Mitte auseinanderschneiden. So entstehen zwei Eichelnäpfchen, die nun über dem Zeigefinger drehend weiterbearbeitet werden. Eichel und Näpfchen wie folgt zusammensetzen: Mit einer Nadel zuerst durch das Blatt, danach durch das Näpfchen, dann mitten durch die Eichel stechen, eine Perle auffädeln und den gleichen Weg zurückgehen.

Kirschen-Ansteckschmuck

Die Blätter aus dickem, festen Probefilz ausschneiden, Schnittkanten abrunden, Blattadern mit festen Steppstichen sticken. Pro Kirsche 2 g rote Wolle sehr fest wickeln, filzen.

Abb. 54: Eichblatt-Ansteckschmuck

Abb. 55: Kirschen-Ansteckschmuck

Trauben-Ansteckschmuck

13 Kügelchen von je etwa 2 g (Briefwaage) filzen und zu der Traubenform zusammensetzen. Das Blatt aus einem nicht zu dünnen, stabilen Probefilz ausschneiden, Blattadern sehr fest sticken.

Der Eichel-, Kirschen- und Traubenschmuck ist auf einer Anstecknadel (Bastelgeschäft) befestigt. So kann man ihn nach Lust und Laune zum Beispiel am Hut (siehe Abb. 53), an der Jacke, an den Schuhen und so weiter befestigen.

Abb. 56: Filz-Fassung für großen Halbedelstein, Haarspange, Collier violett

Filz-Fassungen für große Halbedelsteine (Abb. 56)

Zunächst eine Pappschablone in der Form des Steins ausschneiden, ca. 1,5 cm Schrumpfungszugabe rundherum nicht vergessen. Mit Wolle, die farblich auf den Stein abgestimmt sein sollte, die Schablone umwickeln und filzen. Nach der Filzprobe knapp einschneiden und die Pappe entfernen. Den Stein hineinschieben und um ihn herum weiterfilzen.
Die Filz-Hülle sollte ihn fest umschließen, daher darf die Öffnung nicht zu weit sein. Zum Umhängen innen ein Lederband anbringen.
Dieser Schmuck ist ein schönes Geschenk besonders für Buben und Männer.

Haarspange (Abb. 56)

Vier sehr fest gefilzte, verschiedenfarbige Kügelchen (je 2 g, Briefwaage!) und drei Keramikscheibchen auf eine dünne Perlonschnur (Angelschnur) aufziehen. Das Ganze gut an einer Schnappspange (Bastelgeschäft) befestigen.
Diese ungewöhnliche Haarspange paßt besonders gut zu der folgenden Kette.

Collier violett (Abb. 56)

21 Kugeln filzen (je 2 g), abwechselnd mit Keramikscheibchen auf ein Lederband ziehen. (Dicke, spitze Nadeln, z. B. «Puppenkopfnadel», verwenden.)

Collier orange (Abb. 57)

9 Kugeln aus je 2,5 g Wolle sehr fest filzen. Nach dem Trocknen abwechselnd mit Samen und Holzperlen auf ein orangefarbenes Lederband ziehen.

Kette mit Muschel (Abb. 57)

Die Muschel stammt vom Strand von Copacabana. Das Loch war schon vorhanden, gebohrt von einem muschelfressenden Meeresbewohner. Mit zwei festen Filzkugeln von je 2,5 g, die die Farben der Muschel wiederholen, und einem passenden Lederband wurde sie zum Mittelpunkt eines interessanten Halsschmucks.

Abb. 57: Collier orange und Kette mit Muschel

Gegen kalte Füße

Wärmflaschen-Hülle

Pappschablone – Wärmflaschenumriß + 3 cm
120 g Wolle (hier 60 g rot, 60 g naturbraun)
einige bunte Wollflusen für das Muster

Mit der farbigen Wolle ein Muster auf die Schablone legen (siehe «Malen mit Fasern», Seite 43). Darüber lagenweise die rote Wolle verteilen, zuletzt die braune Wolle auflegen, filzen, leicht walken. Die Hülle oben ca. 14 cm einschneiden, Karton entfernen, umkrempeln und die Musterseite ebenfalls filzen und walken. Später die *leere* Wärmflasche hineinschieben. Sie kann – auch zum Füllen – nun immer in der Hülle bleiben.

Sohlen zum Einlegen

Pappschablone – Fußumriß (eine Schablone für den rechten, eine für den linken Fuß!) (keine Wellpappe!) + 2 bis 3 cm Schrumpfungszugabe
30 - 50 g Wolle, für beide Sohlen, je nach Größe und gewünschter Sohlendicke. Für Sohlen werden alle Wollreste zusammengesucht und miteinander kardiert.

Die Kartonsohlen mit der Wolle gleichmäßig bewickeln. Aufgepaßt an Ferse und Spitzen,

Abb. 58: Wärmflaschen-Hülle, Einlege-Sohlen

hier rutschen die Wollschichten gern auseinander.
Wer die Sohlen besonders dick und stabil haben möchte (z. B. zum Einlegen in Gummistiefeln), entfernt den Karton nach getaner Filzarbeit nicht! Die Sohlen in diesem Fall nach dem Trocknen bügeln.
Ansonsten an der Ferse knapp einschneiden und die Pappe herausziehen. Den Schlitz wieder zunähen und diese Stelle noch einmal nachfilzen.
Zwei dünne Sohlen erhält man, wenn man nur eine Schablone umwickelt. Die fertig gefilzten Sohlen dann rundherum auseinanderschneiden.
Alle Sohlen müssen gewalkt werden, sonst sind sie schnell durchgelaufen!

Fliegenpilz-Hausschuhe

Wer mit Erfolg schon Einlege-Sohlen gefilzt hat, dem werden auch diese Schuhe gelingen!

Zwei Pappschablonen (siehe Einlege-Sohle Abb. 58 und Skizze Abb. 60)
Anhaltswert: bei Schuhgröße 38: 40 - 50 g Wolle *pro Schuh*, halb weiß, halb farbig, etwas weiße Wolle für die Pünktchen.

Die Kartonfußform mit den weißen Pünktchen belegen, aber nur auf der späteren Schuhoberseite! Pünktchenmuster siehe Seite 38.
Dann die rote Wolle in breitausgezogenen, dünnen Lagen um die Schablone wickeln, jede Schicht wieder mit heißem Wasser besprenkeln und andrücken. Anschließend die weiße Wolle ebenso verarbeiten.
Nicht vergessen, welchen Schuh man vor sich hat, den linken oder den rechten, sonst kann es passieren, daß man später die Sohlenseite einschneidet. *Achtung:* Sohle, Ferse und Spitze etwas dicker belegen. Ausgiebig filzen und walken. Den Einschnitt ca. 14 cm längs auf der Schuhoberseite anbringen (siehe Skizze Abb. 60). Pappe entfernen, den Schuhrohling gut ausspülen und beiseite legen. Den zweiten Schuh ebenso herstellen. Dann beide Schuhe überziehen.
Erscheint der Einschnitt zu knapp, bitte nicht

Abb. 59: Fliegenpilz-Hausschuhe

gleich zur Schere greifen. Meistens weitet er sich von selbst, wenn man den Schuh einige Male an- und auszieht! In diesem Stadium sind die Schuhe oft noch viel zu groß und hängen einem formlos an den Füßen. Das wird sich jedoch bald ändern!
Nun werden die Schuhe an den Füßen abwechselnd kräftig mit beiden Händen gerieben und massiert, Fersen und Spitzen geknetet. Dabei kann man den Fuß, der gerade bearbeitet wird, zum Beispiel auf den Badewannenrand oder einen Stuhl stellen. Auf dem Boden sollte unbedingt eine Matte liegen, damit man mit den seifigen Schuhen

nicht ausrutscht. Zwischendurch auf einen bereitgestellten Stuhl, vor dem das Filz- oder Waschbrett liegt, setzen. Mit beiden Füßen auf dem Waschbrett hin- und herscharren, wie auf einem Fußabstreifer. Die Innenseiten der Schuhe sollten dabei möglichst aneinander entlangstreifen. Abwechselnd mit dem einen Fuß kräftig die Oberseite des anderen reiben. Nicht mit Seife und warmem Wasser sparen.

Diese Arbeit ist recht anstrengend. Hat man einen Helfer, so ist sie leichter getan. Der Lohn für die Mühe sind ein paar wunderbare, der individuellen Fußform angepaßte, handgemachte Schuhe!

Tip:
Die Schuhe wären rasch durchgelaufen, würden wir sie nicht mit Ledersohlen versehen. Sohlen aus weichem Leder ausschneiden und mit Schusterleim (Pattex) ankleben. Dazu den Schuh zwischen zwei Brettern mit Schraubzwingen kurz pressen.

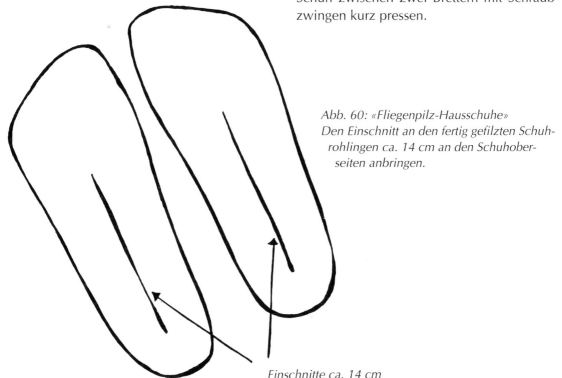

Abb. 60: «Fliegenpilz-Hausschuhe»
Den Einschnitt an den fertig gefilzten Schuhrohlingen ca. 14 cm an den Schuhoberseiten anbringen.

Einschnitte ca. 14 cm

Wollstiefel

Filzform (zwei aus einer Schablone)

Bei der Herstellung der Schablone richtet man sich nach der Größe eines passenden Schuhs. Für beide Stiefel wird eine an den Schäften zusammenhängende Schablone verwendet (Skizze Abb. 62). Erfahrungsgemäß werden die Schuhe gleichmäßiger und es ist obendrein zeitsparender, wenn man beide gleichzeitig «in einem Stück» filzt. Die Pappe darf nicht zu dünn sein!
Anhaltswert: bei Schuhgröße 38 und einer Schafthöhe von ca. 8 cm 170 g Wolle (85 g weiß, 85 g farbig) *pro Schuh*. Unbedingt langfaserige Wolle verarbeiten!
Wer möchte, wickelt zuerst einige bunte Wollsträhnchen als Verzierung um die Schablone. Anschließend wird die farbige Wolle Schicht für Schicht einmal horizontal, einmal vertikal um die Form verteilt. Danach verfährt man mit der naturweißen Wolle ebenso!
Aufgepaßt: Spitzen, Sohlenbereiche und Fersen etwas dicker bewickeln. Um dem Ganzen mehr Stabilität zu verleihen, wird das nasse Paket noch vollständig mit Wollfäden umwickelt. Dieser kleine «Kniff» erleichtert zudem das «Formhalten» während der Filzarbeit erheblich. Das Filzen eines Stiefelpaares nimmt einige Stunden in Anspruch und ist Anfängern nicht zu empfehlen. Von Vorteil ist, wenn sich zwei die Arbeit teilen.
Nach erfolgreich verlaufener Filzprobe werden die Stiefelrohlinge an den Schäften auseinandergeschnitten, anschließend umgekrempelt und nun die farbige Seite auch gründlich bearbeitet. Dann die Schäfte an der Fußoberseite ca. 8 cm einschneiden, die Stiefel in warmem Wasser leicht ausdrücken, einseifen und anziehen. Alles weitere wie «Fliegenpilz-Hausschuhe». Der Helfer kann sich nun nützlich machen. Er kniet vor dem «Stiefelbesitzer» und bearbeitet energisch die Stiefel samt der darin steckenden Füße. Die Stiefel zwischendurch ausziehen und auf dem Waschbrett mit aller Kraft walken. Danach am Fuß weiterarbeiten, bis sie «sitzen».

Abb. 61: Wollstiefel

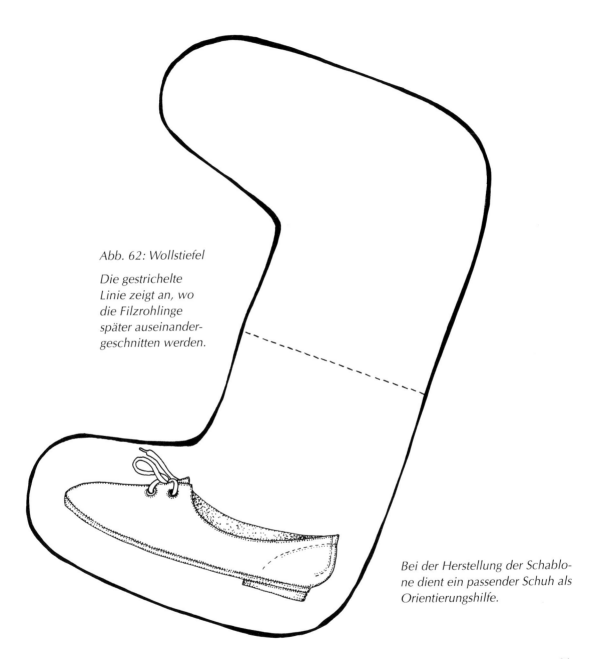

Abb. 62: Wollstiefel

Die gestrichelte Linie zeigt an, wo die Filzrohlinge später auseinandergeschnitten werden.

Bei der Herstellung der Schablone dient ein passender Schuh als Orientierungshilfe.

Geschenke schön verpacken

Diese Geschenkhüllen haben den Vorteil, daß sie beliebig oft verwendet werden können und später auch noch zu einem anderen Zweck zu gebrauchen sind. Obendrein sind sie sehr individuell und originell!

Beutel (flächige Filzarbeit) (Abb. 64)

Großer Beutel:
Pappscheibe – 29 cm
Bodenscheibe – 11 cm
50 g Wolle (25 g rot, 25 g lila)
Mohairfäden, dunkellila

Kleiner Beutel:
Pappscheibe – 24 cm
Bodenscheibe – 9 cm
30 g Wolle, naturweiß
Mohairfäden, pink

Diese einfachen Beutel kann man in allen möglichen Größen herstellen. Das Besondere an ihnen ist, daß sie in der Mitte, zwischen den Wollschichten, einen Pappboden haben. Er wird nicht entfernt, denn er verhilft dem Beutel zu einer besseren Form und zu einem standfesten Boden. Die Schablone für den Boden nicht aus Wellpappe ausschneiden, besser geeignet ist die Rückseite eines Zeichenblocks.
Das feine Streifenmuster wird durch farbige Mohairfäden gebildet, die man am Anfang strahlenförmig auf der Pappscheibe anordnet. Während des Filzens verankern sich die Fäden mit der darüber verteilten Wollmasse dauerhaft (Skizze Abb. 63).

So wird's gemacht:
1. Fäden auf die Schablone legen,
2. erste Wollschicht auflegen, durchfeuchten, andrücken,
3. Pappboden auf die Mitte legen,
4. zweite Wollschicht auflegen, durchfeuchten, andrücken und filzen.

Abb. 63: Geschenkbeutel (schematische Darstellung)

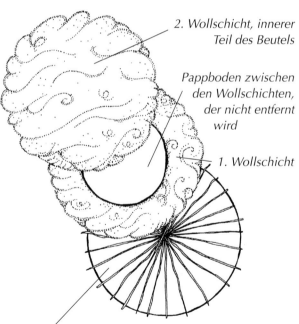

Pappschablone mit aufgelegten Mohairfäden, der äußere Teil des Beutels

Achtung: Während des Filzens auf eine schöne, runde Form achten, also mit den Handkanten häufig um die Rundung fahren und mehr nach innen als nach außen reiben! Später wird das Stück gebügelt, so bekommt man den Pappboden zwischen den Lagen wieder glatt. Zum Schluß am Rand ein Band oder eine Lederschnur durchziehen. Interessant sind Beutel, deren Innenseite andersfarbig ist.

Abb. 64: «Wundertüte» mit roten Punkten und Satinschleife, zwei runde Geschenkbeutel

«Wundertüte» mit roten Punkten und Satin-Schleife (Formfilz) (Abb. 64)

Pappschablone siehe Skizze Abb. 65, incl. Schrumpfung
40 g weiße Wolle
etwas rote Wolle für die Pünktchen

Zuerst die Pünktchen (siehe «Malen mit Fasern» S. 43) auf der Pappform anordnen. Anschließend die weiße Wolle lagenweise verteilen und filzen! Erst nach der Filzprobe aufschneiden.

Tip: Die Satinschleife sehr fest, noch während die Tüte feucht ist, umbinden. Dann bekommt die Tüte oben schöne Falten.

Allerlei kleine Überraschungen kann man später in dieser «Wundertüte» verstecken!

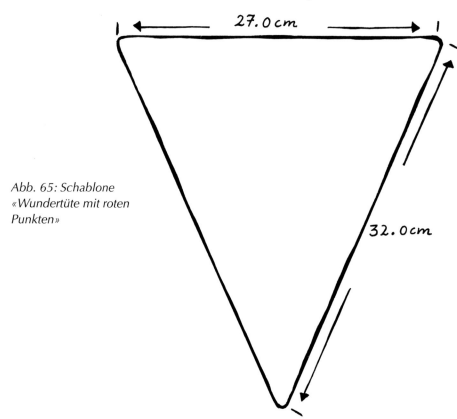

Abb. 65: Schablone «Wundertüte mit roten Punkten»

Große Filztüte mit bunten Sternen
(Formfilz)

Pappschablone siehe Skizze Abb.67, incl. Schrumpfung
80 g Wolle (40 g orange, 40 g weiß)
einige bunte Wollflusen

Zuerst werden die Sterne aus der langfaserigen bunten Wolle auf den Pappgrund gelegt. Dazu sehr dünne Wollsträhnchen vollkommen durchnässen, nur so bleiben sie auf der Schablone liegen (siehe «Malen mit Fasern», Seite 38). Dann die erste Schicht der orangefarbenen Wolle breitflächig verteilen und mit heißem Wasser besprenkeln. Zuletzt die weiße Wollschicht, die später innen sein wird, um die Schablone verteilen.

Aufgepaßt: An den Spitzen der Tüte darf die Wolle nicht auseinanderrutschen! Erst nach erfolgreicher Filzprobe die Tüte an der oberen Schräge aufschneiden. Umkrempeln, weiterfilzen!

In dieser schönen Tüte, die an ein Füllhorn erinnert, ist das Geschenk besonders gut aufgehoben!

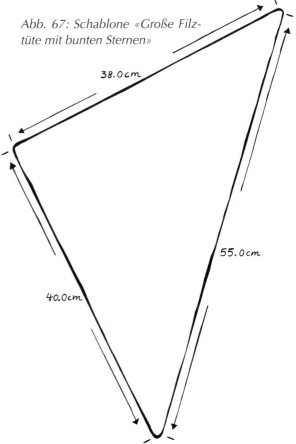

Abb. 67: Schablone «Große Filztüte mit bunten Sternen»

Abb. 66: Große Filztüte mit bunten Sternen

Großes Kuvert

(Kombination aus Formfilz und Fläche)

Pappschablone siehe Skizze Abb.69, incl. Schrumpfung
120 g Wolle, naturweiß
etwas rote Wolle für das «Siegel»
einen großen Druckknopf

Abb. 68: Filz-Kuvert

Die Wolle lagenweise um das Kuvertrechteck, also die «Tasche», wie gehabt herumziehen und -wickeln. Hier entsteht ein Formfilz. Die dreieckige Kuvertklappe dagegen nur flächig belegen.
Ist der Filz stabil genug, die Kartonform entfernen, das Ganze umkrempeln und weiterfilzen. Am Ende ein wenig walken. Aus der roten Wolle zwischen den Handflächen eine runde Siegelform filzen. Das verdeckt später den Druckknopf.

Dieses große Filzkuvert ist eine schöne Geschenkverpackung für Briefpapier und allerlei Schreibutensilien. Später kann man darin Briefe aufbewahren.

Tip: Das Kuvert ist die Grundform für Taschen mit Klappen. Sie kann beliebig variiert werden.

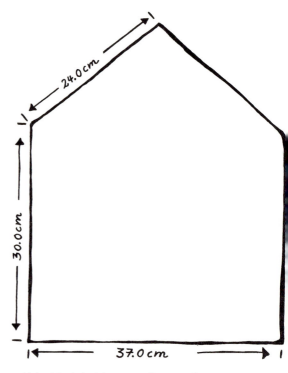

Abb. 69: Schablonenmaße «Großes Kuvert»

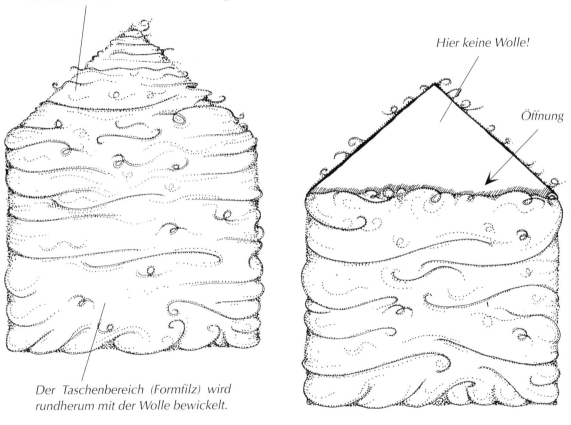

Abb. 70: Bewickeln der Schablone für das Filz-Kuvert

Für's Baby

Klapperball

«Innenleben»: Korken aushöhlen und ein Glöckchen hineinschieben oder kleine Blechdöschen oder Kunststoffkapseln mit Glöckchen, Reis, Steinchen oder Perlen füllen, je nachdem, ob es rascheln, klingeln oder klappern soll.

Um diesen Kern werden sehr fest Woll- oder Stoffreste gewickelt, bis das Ganze schön gleichmäßig rund ist und die gewünschte Ballgröße beinahe erreicht ist. Dann wird eine weiße Wollschicht breitflächig darumgewickelt und durchnäßt. Zum Schluß die farbige, gut gezupfte Wolle in mehreren dünnen Lagen um die Kugel ziehen. Die Hände in warmes Wasser tauchen und einseifen. Die Wollkugel zunächst sanft zwischen den Händen rollen, formen und drücken. Je mehr die Wolle verfilzt, um so energischer kneten. Gegen Ende wird der Ball mit aller Kraft, wie ein ganz harter Schneeball, bearbeitet, wobei nicht mit heißem Wasser und Seife gespart werden darf. Unter fließend kaltem Wasser spülen, dabei kräftig drücken. In der Waschmaschine ausschleudern.

Tip: Bunte Fäden, um den Ball gewickelt und mit eingefilzt, ergeben interessante Muster.
als «Innenleben» für einen Ball ohne Klang dient ein altes Wollknäuel.

Variation: Dünnes, stabiles Gummiband am Ball verankert, eröffnet noch mehr Spielmöglichkeiten für größere Kinder! (Siehe S. 43)

Abb. 71: Klapperball und Greifring

Greifring

Um einen Holzring (Bastelgeschäft, Zoofachgeschäft: Schaukelring für Sittiche) gleichmäßig bunte, langfaserige Wolle wickeln. Möglichst pflanzengefärbte Märchenwolle verwenden. Den fest bewickelten Ring in warmes Wasser tauchen und die Hände gründlich einseifen. Mit beiden Händen in den Ring greifen, filzen und dabei drehen.

Tip: Solch ein bunter Ring, in der entsprechenden Größe, ist auch als Armreif geeignet.

Fläschchenwärmer (Formfilz)

für eine 250 ml-Flasche

Pappschablone (rechteckig, 19,5 x 9 cm incl. Schrumpfung
30 g Wolle (15 g weiß, 15 g farbig)
einige Mohairfäden

Zuerst werden die Mohairfäden um die Schablone gewickelt. Dann erhält der Boden, der ja eine gewisse Stabilität braucht, eine Extra-Schicht – in diesem Fall rosa – Wolle. Anschließend die übrige Wolle lagenweise um die Form ziehen, dabei jede Lage durchfeuchten und andrücken. Dann wird gefilzt!
Hat der Rohling nach ca. 15 bis 20 Minuten eine gewisse Festigkeit erreicht, oben aufschneiden und den aufgeweichten Karton entfernen. Das Ganze umkrempeln und die farbige Seite ebenfalls gut filzen und später auch walken.
Das Fläschchen in die Hülle schieben und weiterfilzen, dabei den Boden gut bearbeiten, denn die Flasche soll später darauf stabil stehen können. Den Filzbezug samt Flasche auf dem Filzbrett hin- und herrollen, die Flasche hinstellen und den Boden ebenfalls auf dem Filzbrett kräftig walken. Dann den Bezug wieder abziehen und die Seifenreste gründlich ausspülen. Zum Trocknen den Fläschchenwärmer wieder über die Flasche ziehen. Er muß sie eng umschließen. Oben eine Kordel umbinden.

Da die Filzhülle waschbar ist, können ihr Milch-, Saft- oder Teeflecken nicht viel anhaben!

Abb. 72: Fläschchenhülle

Hüllen, die schützen und schmücken

Flötenhüllen

Pappschablone – Umriß der Flöte + 2 cm Schrumpfungszugabe
Anhaltswert: ca. 60 g Wolle (30 g naturweiß, 30 g farbig) bei C-Flöte und 5-Ton-Flöte

Zuerst bekommen die beiden Kuppen der Kartonform eine Wollschicht, denn hier muß die Flöte besonders geschützt werden. Die übrige Wolle in mehreren dünnen Lagen gleichmäßig wie einen Verband um die Form wickeln. Dabei, wie gehabt, jede Lage mit warmem Wasser besprenkeln und andrücken.

Gut bis an die Kuppen hochwickeln, die Kuppen zwischendurch immer wieder extra belegen. Hier dürfen auf keinen Fall Löcher oder dünne Bereiche entstehen.

Aufgepaßt: Flötenhüllen kann man später nicht umkrempeln. Dazu sind sie zu schmal, und die Öffnung ist zu eng. Aus dem Grunde wird die weiße Wollschicht zuerst aufgelegt, und auf der farbigen, evtl. gemusterten Außenseite wird gefilzt. Flötenhüllen müssen besonders intensiv bearbeitet werden, damit sie gut durchfilzen.

Nach erfolgreich verlaufener Filzprobe die Hülle knapp einschneiden, ca. 5 cm unterhalb der Kuppe. So kann die Flöte später nicht herausrutschen.

Die aufgeweichte Pappe herausziehen und den Einschnitt nachfilzen. Das ganze Stück kurz kräftig walken.

Zum Umhängen bekommt die Fötenhülle später noch eine Kordel.

Die drei abgebildeten Hüllen zeigen verschiedene Muster:

1. Nach dem Verteilen der orangefarbenen Wollschichten wurden bunte Fäden herumgewickelt,

2. weiße Flötenhülle mit farbiger «Marmorierung»,

3. rote Flötenhülle mit einigen bunten Wollsträhnchen geschmückt.

Abb. 73: Flötenhüllen

Brillenfutterale

Braun-rotes Futteral

Pappschablone – Brillenumriß + 2 cm Schrumpfung
20 g Wolle naturbraun
20 g Wolle krapprot

Zuerst die braune Wolle (bzw. die Wolle, die später die Außenseite bilden soll) um die Schablone verteilen, zum Schluß die rote Wolle darüberlegen, filzen! Öffnungsschlitz 3 - 4 cm unter der oberen Rundung waagerecht einschneiden.

Weißes Angorafutteral für eine Kinderbrille

Pappschablone wie oben
20 g Wolle naturweiß
20 g Angorakaninchenwolle

Zunächst die Angorakaninchenwolle verteilen, darüber kommt die Schafwolle. Es ist viel einfacher, zuerst die Schafwollseite zu filzen. Die feine Angorawolle dagegen rutscht am Anfang hin und her. Wenn nach ca. 20 Minuten intensiver Filzarbeit die Schafwolle sich schon gut mit der Kaninchenwolle verbunden hat, wird der Rohling längs eingeschnitten und umgekrempelt. Die Angoraseite kann dann auch ohne Probleme bearbeitet werden. Nach dem Trocknen mit einer weichen Haarbürste flauschig bürsten. Als Verzierung erhielt dieses Futteral ein Streumuster aus rosa Süßwasserperlen.

Abb. 74: Brillenfutterale

Rotes Futteral mit Stickerei

Pappschablone wie vorher beschrieben
30 g Wolle krapp-/cochenillerot
10 g Tussahseiden-Watte

Die Seidenwatte dünn und gleichmäßig um die Kartonform legen, die Wolle anschließend verteilen. Nach ca. 30 Minuten Filzarbeit das Futteral an der oberen Kante aufschneiden, Pappe entfernen, umkrempeln und weiterfilzen.
Die Seide bildet in diesem Fall die Innenauskleidung des Futterals. Da Seide ja kaum filzt, darf man sie nur in hauchdünnen Schichten verwenden. Die Wollfasern müssen noch «durchschlagen» können.
Das rote Futteral schmückt ein einfaches florales Motiv aus Seidenfäden und Glasperlen.

Buchhüllen

Zum Handfilzen von Buchhüllen hier zwei Vorschläge:
1. Buchhülle flächig (für Anfänger)
2. Buchhülle mit formgefilzten Einsteckkanten (für Fortgeschrittene)

Anhaltswert: Für ein Buch von 23 x 15 cm bei einer Buchdicke von 4 cm rechnet man ca. 60 - 70 g Wolle.

1. Buchhülle flächig:
Kartonrechteck nach den Maßen des Buches + 5 bis 7 cm für die einzuschlagenden Kanten, in die die Buchdeckel gesteckt werden, und 2 cm rundherum als Schrumpfungszugabe. Die Wolle einmal vertikal, einmal horizontal *auf* der Pappform verteilen und filzen.

Abb. 75: Buchhüllen

Besonders bei Buchumschlägen auf eine gute, rechteckige Form achten. Daher wiederholt mit den Handkanten um den Schnitt herumfahren und auch häufiger von außen nach innen reiben als umgekehrt.
Hat das Filzgut nach schätzungsweise 20 - 30 Minuten eine gewisse Festigkeit erreicht, die Rückseite ebenso bearbeiten. Später das getrocknete Filzrechteck (man darf es auch bügeln) um das Buch schlagen, die Einsteckkanten umlegen und einnähen. Die Nahtstellen sollten noch einmal nachgefilzt werden, um sie unauffälliger zu machen.

2. Buchhülle mit formgefilzten Einsteckkanten
Beim Zuschneiden der Pappform daran denken, daß 5 - 7 cm für die einzuschlagenden Kanten wegfallen.
Die Wollschichten werden hier nämlich einige Zentimeter *um* die Kanten geschlagen. So werden die Einschübe für die Buchdeckel links und rechts gleich mit angefilzt und nicht, wie bei Vorschlag 1, erst später umgeknickt und angenäht. Achtung: Die Ecken beachten, sie dürfen nicht dünn und fadenscheinig sein. Die Einschubstreifen müssen oben und unten gut mit der Fläche verbunden sein und zusammenfilzen.

Tips zur Herstellung der Karos:
Die Wollfäden, die das Karomuster bilden, als erstes fortlaufend und vollständig einmal vertikal, einmal horizontal um die Pappform

wickeln. Dann erst die Fläche mit den Wollschichten belegen. An der Innenseite des späteren Umschlags, die ja keine Wollschicht bekommt, werden die Fäden nach der Filzarbeit weggeschnitten.

Zu den Fotos:
1. Buchhülle violett, marmoriert, mit appliziertem Stern und Stabperlenstickerei:
Dieser Umschlag mit der Sternschnuppe verrät es schon: Er umhüllt ein Buch mit Weihnachtsgeschichten.

2. Buchhülle rot, kariert:
Das Karomuster ist neutral und paßt zu vielen Büchern.

Siehe «Vielfältige Gestaltungsmöglichkeiten», Seite 37.

Abb. 76: Schatzbeutel

Schatzbeutel (Formfilz) (Abb. 76, 77)

(zwei aus einer Schablone, siehe Arbeitsschritte S. 25)

«Schatz- oder Glücksbeutel» kann man immer gebrauchen. Wir stellen darum gleich zwei aus einer Schablone her. Das macht kaum mehr Arbeit als einer, und wir haben gleich ein schönes Geschenk vorrätig!

Pappschablone siehe Skizze Abb.78
je nach Größe 40 - 50 g Wolle (halb weiß, halb farbig)

Die Grundform der Schablone ist ein Oval. Das kann man je nach Wunsch abwandeln: In der Mitte verjüngen, dann ergibt sich eine schmale Öffnung, in der Mitte ausladen, dann können wir später Falten an den Seiten anbringen etc. Wer seinen Schatzbeutel mit einem Muster schmücken möchte, schaut nach im Kapitel «Vielfältige Gestaltungsmöglichkeiten», Seite 37.
Nach der Filzarbeit und erfolgreich verlaufener Filzprobe wird das Paket genau in der Mitte auseinandergeschnitten. Schablonenreste entfernen, die Beutel umkrempeln und nacheinander weiterbearbeiten. Darauf achten, daß Wülste, die sich möglicherweise dort, wo die Schablonenkanten lagen, gebildet haben, wegmassiert werden. Zwischendurch den Beutel über der Faust drehend bearbeiten und zum Schluß leicht walken.

Die abgebildeten Schatzbeutel sind mit Filzkugeln und -blättchen geschmückt oder mit aufgenähten Seidenfäden und Stickperlen (Indianerperlen) verziert (Abb. 76). Alle wurden mit Stoff, zum Teil Seide, ausgeschlagen und mit einer Kordel zum Umhängen versehen. Die Filzkügelchen dienen auch als Knöpfe. Der schwarzbraune Beutel besteht zu 100 % aus Hundehaar mit viel ausgekämmter Unterwolle (Winterfell!) (Abb. 77). Die Seiten wurden, noch in feuchtem Zustand, nach innen gefaltet. Zum Trocknen lag der Beutel zwischen zwei Handtüchern und wurde außerdem beschwert. So blieben die Falten dauerhaft.

Abb. 77: Schatzbeutel

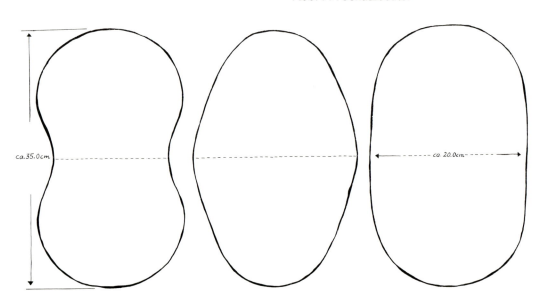

Abb. 78: Schablonenformen «Schatzbeutel», zwei aus einer Schablone. Die gestrichelten Linien zeigen an, wo der Filzrohling auseinandergeschnitten wird.

Jonglierkissen (Formfilz)

runde Pappscheiben als Schablonen
– 8 - 10 cm für Kinderhände incl. Schrumpfung
– 11 - 12 cm für größere Hände incl. Schrumpfung
20 - 25 g Wolle (innen weiß, außen bunt)

Die Wolle sehr gleichmäßig um die kleine Pappscheibe legen.
Achtung: An den Rundungen rutschen die Wollschichten leicht auseinander, in der Mitte liegen sie dagegen oftmals zu dick! Bei den Jonglierkissen ist es besonders wichtig, daß sie lange und intensiv gefilzt werden. Zum ersten schneiden wir die Öffnung zum Herausholen der Pappe nur ganz knapp, so daß man nicht umkrempeln und die Innenseite filzen kann. Zum zweiten muß ein Jonglierkissen einiges vertragen können!
Wenn die fertigen Hüllen getrocknet sind, werden sie mit Hilfe eines Trichters mit Hirse oder Reis gefüllt. Dann bekommen sie die «richtige Schwere» und fallen beim Jonglieren gut in die Hände.
Nachdem die Öffnung mit möglichst feinen, unsichtbaren Stichen zugenäht wurde, filzen wir die Naht noch einmal nach, damit sie unauffällig wird. Wer möchte, schmückt die Jonglierkissen noch mit «Glitzerkram».
Tip: Wer einen Satz gleicher Jonglierkissen herstellen möchte, wiegt Wolle und Füllmaterial ganz genau ab und filzt und walkt alle Hüllen gleich lang!

Abb. 79: Jonglierkissen

Wichtel (Formfilz und Filzkugel)
(Abb. 80)

Pappschablone siehe Skizze Abb.81, Schrumpfung eingeschlossen
5 g Wolle für den Körper (Briefwaage)
2 g Wolle für das Köpfchen

Schablone in dünnen Lagen bewickeln, Mützenspitze beachten!
Nach der Filzprobe unten aufschneiden, umkrempeln und die farbige Außenseite auch filzen. Den kleinen Anzug über zwei Finger

75

stülpen und drehend bearbeiten. Das Mützchen wird schön spitz, wenn man es über dem Zeigefinger drehend massiert. Der waagerechte Einschnitt zum Hineinschieben des Köpfchens soll sehr knapp sein (siehe Abb.81). Herstellung des Köpfchens siehe «Filzen von Kügelchen», Seite 37.
Fertigstellung: Das Köpfchen mit einigen Stichen am Anzug fixieren. Steht der Wichtel nicht gut, die unteren Ränder etwas zurechtschneiden. Das Mäntelchen mit wenig Wolle füllen. Den Halsbereich mit einem Bändchen einhalten.
Tip: Wird die Schablone entsprechend abgewandelt, können wir Finger- und Stehpüppchen filzen.

Abb. 80: «Wichtel» und «winzige Wickelkinder»

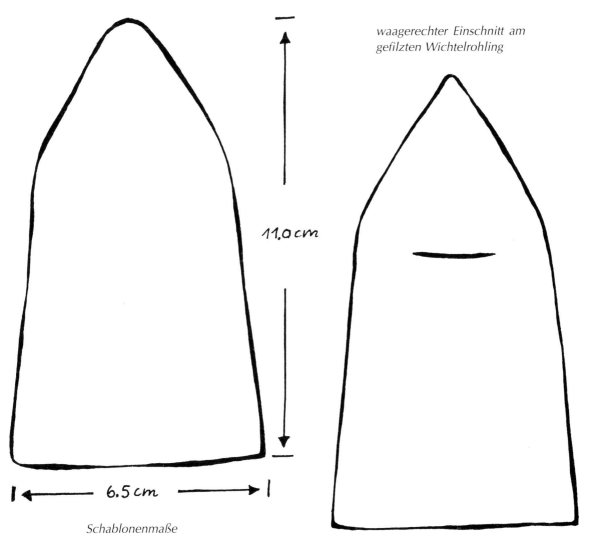

Abb. 81: «Wichtel»

77

Winzige Wickelkinder (Formfilz und Filzkugel) (Abb. 80 und 82)

kleines Pappoval als Schablone siehe Abb. 83
2 g Wolle für den Körper (Briefwaage)
1,5 g Wolle für das Köpfchen

Die kleine Schablone bewickeln und zwischen den Handflächen filzen. Wülste an den Rändern auch bei diesem kleinen Teil möglichst vermeiden. Den Schnitt für das Köpfchen mit einer sehr scharfen Schere einschneiden und die Kartonreste mit Hilfe einer Pinzette entfernen. Umkrempeln können wir diesen winzigen Körper nicht! Nach dem Trocknen mit etwas Wolle füllen.
Köpfchen filzen und anbringen wie «Wichtel». Als «Wickelband» dient ein Wollfaden.

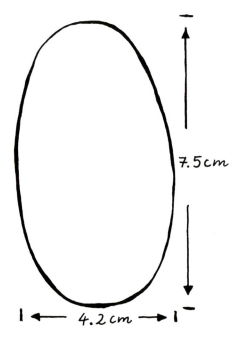

Abb. 83: Schablonenmaße
«winzige Wickelkinder»

Abb. 82: «Winzige Wickelkinder»

Puppen

Zu allen Zeiten der Menschheitsentwicklung stellte die Puppe das wesentliche Spielzeug dar. Unter allen Spielsachen im Kinderzimmer nehmen Puppen einen ganz besonderen Platz ein und sind für Mädchen und Jungen gleichermaßen wichtig. Sie sind das Bild des Menschen in der Seele des Kindes. Aus diesem Grunde sollte man sie mit großer Sorgfalt aussuchen.

Es wäre schön, wenn die erste Puppe handgemacht wäre, möglichst von einem Menschen, der dem Kind nahesteht. Bei der Herstellung darf man weder Zeit noch Mühe sparen. Daß nur erstklassiges Material verarbeitet wird, versteht sich von selbst! Die Materialien sollten natürlich sein, um den sensiblen kindlichen Sinnen gerecht zu werden. Um der sich entfaltenden innerlichen Fantasie des kleinen Kindes Raum zu geben, gestaltet man die Puppe möglichst einfach.

Wie die folgenden Beispiele zeigen, kann man Puppen ganz aus Handfilz herstellen. Sie sind extrem haltbar.

Sackpuppe

Körper – Formfilz
Kopf – Vollfilz, Kopfumfang ca. 19 cm
Pappschablone siehe Skizze Abb.85, incl. Schrumpfung
50 g Wolle für Körper (in diesem Fall ist es eine handkardierte Mischung aus 30 g Milchschafwolle, 10 g Angorakaninchenwolle, 10 g Mohairziegenwolle)
50 g Wolle für Kopf (Innenkern aus Wollresten ca. 25 g, Außenschicht hautfarbene Wolle ca. 25 g)
etwas Wolle zum Füllen

Wer eine Puppe ganz aus Handfilz herstellen möchte, sollte schon ein wenig «Filzerfahrung» mitbringen. Gut gearbeitete Handfilzpuppen sind nahezu unverwüstlich und formbeständig.

Abb. 84: Sackpuppe

Zuerst wird das *Köpfchen* gefilzt. Es ist einfacher, den Körper der Kopfgröße anzupassen als umgekehrt. Der Kopf wird anfangs ähnlich hergestellt wie ein Ball: Den Kern aus alten Wollresten zu einem sehr festen Knäuel wickeln. Die hautfarbene Wolle breitflächig in mehreren dünnen Lagen darumwickeln und jede neue Lage mit nassen, eingeseiften Händen andrücken. Das Ganze vorsichtig zwischen den Händen zu einer schönen runden Kugel formen. Je mehr der Filzprozeß fortschreitet, um so kräftiger wird die Kugel bearbeitet. Nun wollen wir jedoch keinen Ball, sondern ein Köpfchen herstellen. Die Kugel daher immer wieder nur in einer Richtung zwischen den Handflächen energisch hin- und herdrehen, so daß langsam eine feste, ovale Kopfform entsteht. Sollten zwischendurch die Kräfte der Hände erlahmen, bittet man ein Familienmitglied um Ablösung. Auf keinen Fall zu früh mit der Arbeit aufhören, *der Kopf muß sehr fest werden!* Zum Schluß unter fließendem Wasser gründlich spülen (kneten und drücken).

Durch einen einfachen Trick erhält das Köpfchen seine typische Form: Mit einer sehr stabilen, dicken Kordel wird es in Augenhöhe sehr fest abgebunden. Aufgepaßt: Das Kindchenschema beachten: hohe Stirn, kleiner Kinnbereich, also nicht zu hoch abbinden! Am Hinterkopf schiebt man ein Pappstückchen zwischen Kopf und Kordel, denn hier wird ja keine Einschnürung gewünscht, und

außerdem befindet sich dort auch der Knoten. Zum Abbinden eine Schnur verwenden, die nicht abfärbt. Farbspuren am feuchten Kopf könnten alles verderben! Der abgebundene Kopf darf in der Waschmaschine geschleudert werden. Die Schnur erst dann entfernen, wenn das Köpfchen völlig durchgetrocknet ist und bereits angenäht wurde.

Der *Körper* besteht aus einem dicken, rundherum geschlossenen Formfilz (siehe Abb.85). Der Halsbereich (Ansatzpunkt des Kopfes) erhält beim Bewickeln der Kartonform schon eine extra Wollportion, denn hier ist besondere Stabilität nötig. Auf zu dünnen Schultern würde der relativ schwere Kopf hin- und herwackeln. Der Einschnitt (einzige Öffnung) zum Entfernen des Kartons und Füllen sollte höchstens 8 cm betragen und befindet sich unten am Säckchen.

Den fertig gefilzten und gespülten Anzug in der Waschmaschine schleudern. In noch feuchtem Zustand die Arme mit wenig Wolle füllen. Die Armansätze nicht füllen, sonst stehen die Ärmchen später steif und unbeweglich vom Körper ab. Hände mit einer dünnen Kordel abbinden. Ärmchen in eine natürliche Haltung zurechtdrücken und so trocknen lassen.

Kopf ansetzen:
Zunächst ein dickes Stück Probefilz von innen dort zwischen die Schultern legen, wo der Kopf angenäht wird. Mit einer sehr langen

Nadel (spezielle «Puppennadeln» gibt es im Handarbeits- oder Bastelgeschäft) nun durch diesen Probefilz stechen, am Kopfansatzpunkt zwischen den Schultern herauskommen, längs durch den Kopf stechen und an der Oberkopfmitte wieder herauskommen. Einige Millimeter neben diesem Punkt zurückstechen. Das Ganze wiederholen. Auf

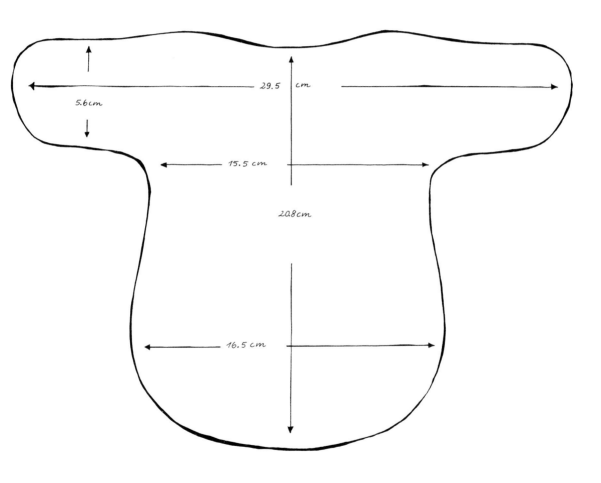

Abb. 85 Schablone Sackpuppe

dem Kopf ist dann ein kleines Kreuz entstanden. Den Zwirn am Probefilz in der Brust gut festziehen und vernähen.

Das ist die Basisverankerung des Kopfes. Allerdings ist er noch recht wackelig. Mit hautfarbenem, doppeltem Faden den Kopf nun von außen am Anzug annähen, dazu mit kleinen, möglichst unsichtbaren Stichen drei bis vier Umrundungen nähen. Der Kopf darf auf keinen Fall wackeln! Zum Schluß Brust und Bauch mit wenig Wolle füllen. Der Körper soll weich und biegsam bleiben, darum nicht prall stopfen!

Den Schlitz unten am Anzug mit überwendlichen Stichen schließen. Diese Naht noch einmal anfeuchten, einseifen und nachfilzen. Den Anzug leicht bürsten.

Eine dünne Kordel um den Brustbereich binden. Augen und Mund mit wenigen Stichen andeuten. Wangen eventuell mit Buntstift leicht röten. Den Kopf schützt ein Häkelmützchen.

Zwei bis drei Tage Arbeit muß man für dieses Puppenkind rechnen!

Der rosa Schimmer des Anzugs kommt daher, daß unter der weißen Außenschicht eine Lage roter Wolle liegt (Farbmischung!).

Gliederpuppe

Körper – Formfilz
Kopf – Vollfilz
Schablone siehe Abb. 87, incl. Schrumpfung

50 g Wolle für Körper
50 g Wolle für Kopf (Innenkern aus Wollresten 25 g, Außenschicht aus hautfarbener Wolle 25 g)
ca. 5 g hautfarbene Wolle für die Händchen
etwas Wolle zum Füllen

Kopf: Herstellung wie Sackpuppe.

Körper:
Die Schablone vollständig mit den Wollschichten bewickeln. Am besten sehr langfaserigen Krempelflor verwenden. Zu den schwierigen Stellen gehören die Rundungen

Abb. 86: Gliederpuppe

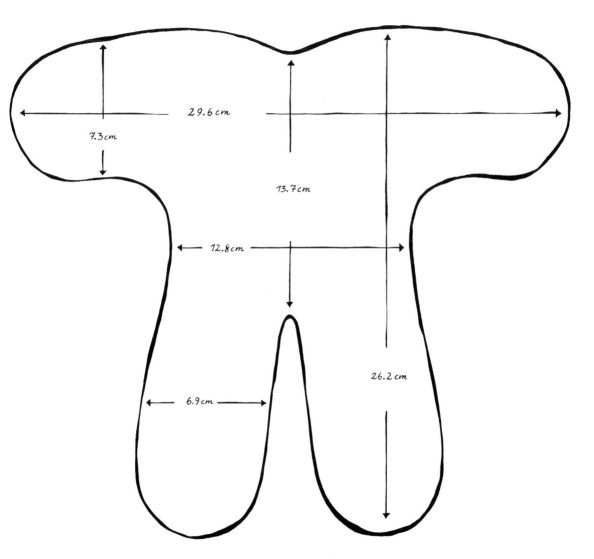

Abb. 87: Schnitt Gliederpuppe

der Fuß- und Handbereiche, der Schritt und die Achseln. Hier entstehen leicht Löcher oder fadenscheinige Stellen. Beim Bewickeln und Filzen darauf besonderes Augenmerk richten!

Der fertige Anzug wird später am Rückenteil ca. 5 cm senkrecht eingeschnitten.

Die Gliederpuppe bekommt rosa Händchen. Sie werden aus je 2,5 g Wolle gefilzt. Siehe «Filzen von Kügelchen», Seite 37.

Anbringen der Händchen:

Dort, wo die Händchen an die Arme genäht werden, mit dem Finger eine Mulde formen. Das Kügelchen in die Mulde drücken und so gut annähen, daß sich der Ärmel samt Hand nicht mehr nach außen stülpen kann.

Die Puppe nur sparsam mit Wolle füllen. Armansätze und Leistenbeugen nicht stopfen. Arme und Beine sollen ja beweglich bleiben. Um die Fußgelenke kommt ein Bändchen. Nach dem Schließen des Einschnitts am Rücken die Naht noch einmal nachfilzen.

Den Oberkörper eventuell mit einer sich überkreuzenden Kordel abbinden und formen.

Die Gliederpuppe hat eine «Frisur» aus Spannstichen (Mohairwolle). Damit wird gleichzeitig das Kreuz von der Verankerung verdeckt. Augen und Mund andeuten. Würde man Augen und Mund durch Linien verbinden, sollte sich ein gleichseitiges Dreieck ergeben.

Hinweis: Fertigstellung des Körpers immer in feuchtem Zustand, gleich nach dem Schleudern. Dann kann man ihn und besonders Arme und Beine in eine natürliche Haltung zurechtbiegen.

Das Entfernen der Kordel am Kopf geschieht erst dann, wenn das Köpfchen völlig durchgetrocknet ist und schon am Anzug angebracht wurde. Den Kopf daher einige Tage vorher herstellen.

Kleine Puppe im Schlafsäckchen zum Umhängen

(Formfilz und Filzkügelchen)

ovale Kartonform siehe Skizze Abb. 89, incl. Schrumpfung
30 g Wolle für das Schlafsäckchen (15 g weiß, 15 g farbig)
etwas hautfarbene Wolle zum Filzen von Köpfchen und Händchen
etwas dünnes Wollgarn zum Stricken des Körpers

Säckchen:

Die Pappform vollständig und breitflächig mit der Wolle bewickeln, zuerst die farbige, dann die weiße Schicht. Wenn die Filzarbeit abgeschlossen ist, den Rohling, wie die Skizze zeigt, ca. 4 - 5 cm waagerecht einschneiden und umkrempeln. Die farbige Seite und den

Abb. 88: Kleine Puppen im Schlafsäckchen

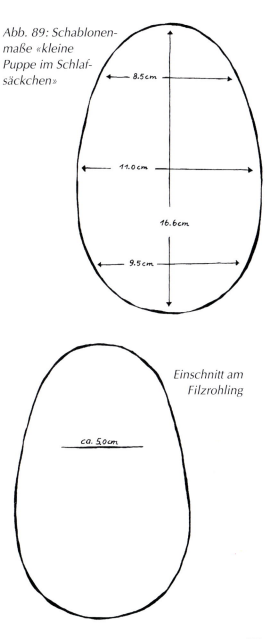

Abb. 89: Schablonenmaße «kleine Puppe im Schlafsäckchen»

Einschnitt am Filzrohling

Einschnitt noch einmal nachfilzen. Zum Schluß nur den Kopfbereich des Säckchens zurückkrempeln. So entsteht ein weißes Kopfpolster. Das Ganze leicht über einem Waschbrett walken.

Filzen des Köpfchens (ca. 2 g Wolle) und der winzigen Händchen siehe «Filzen von Kügelchen», Seite 37.

Gestrickter Körper:
Nadelspiel Nr. 2 1/2
4 x 8 Maschen aufnehmen, 1 re, 1 li, 14 Reihen. Dann immer 2 Maschen zusammenstrikken, bis auf jeder Nadel nur noch 4 Maschen übrig sind. 8 Reihen glatt rechts stricken, einen Faden durch die Maschen ziehen (Hals). Für die Arme je 8 Maschen anschlagen, 8 Rei-

hen kraus stricken, abketten, zusammennähen.
Die Brust mit etwas Wolle füllen, dort einen Zwirn verankern. Aus der Halsöffnung durch das Köpfchen hochstechen. Weiteres siehe «Sackpuppe, Kopf ansetzen», Seite 80.
Die Handkügelchen mit vielen winzigen Stichen an die leicht gefüllten Ärmel nähen und Arme ansetzen. Den übrigen Körper ebenfalls leicht stopfen und die Naht unten schließen.
Mützchen: 5 Luftmaschen häkeln, Ring schließen, 12 feste Maschen um den Ring häkeln, weiterhäkeln, bis die Mütze die passende Größe hat.
Bevor das Püppchen den «Schlafbeutel» in Besitz nimmt, wird dort eine Umhängekordel angebracht. Dann kann das Puppenkind überall hin mitgenommen werden, und die Hände bleiben frei!

Schönes für das Puppenkind
(Abb. 90 - 92)

Gut ausgestattet mit Filzhut, -weste und -schuhen ist dieses Puppenmädchen.

Hütchen:
Anhaltswert: Die abgebildete Puppe hat einen Kopfumfang von 36 cm, für das Hütchen werden 40 g Wolle benötigt. Herstellung wie «Bubenhut mit Feder», Seite 51.

Stiefelchen:
Die Schuhe auf dem Foto wiegen je 25 g. Sie werden hergestellt wie die großen Wollstiefel auf Seite 60 auch.
Allerdings kann man der Puppe die Schuhe zum Filzen natürlich nicht anziehen. Sie werden nur mit Hilfe der Schablone geformt.

Abb. 90: Puppenhüte

Abb. 91: Puppenstiefelchen

Abb. 92: Puppenkleidung aus Handfilz

Weste:

Anhaltswert: Körpergröße der Puppe 50 cm, Wollverbrauch Weste 50 g.

Herstellung der Schablonen siehe Skizzen, incl. Schrumpfung.

Die beiden Vorderteile der Puppenweste werden als Formfilz um die Schablone gefilzt und anschließend rundherum auseinandergeschnitten. So entstehen zwei genau gleiche Teile, und man spart Arbeit. Das Rückenteil wurde flächig gefilzt.

Alle Teile Stoß auf Stoß zusammennähen. Die Nähte und Schnittkanten nachfilzen. Die abgebildete Puppenweste ist mit einer kleinen Holzbrosche verschlossen.

Tip: Westen für Kinder und Erwachsene kann man nach dem gleichen Schnitt, natürlich entsprechend vergrößert, herstellen.

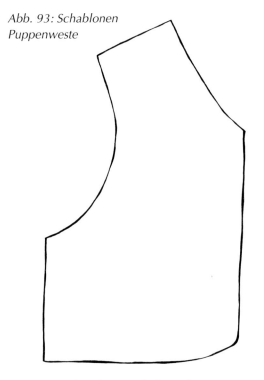

Abb. 93: Schablonen Puppenweste

Vorderteil, umwickeln und später rundherum auseinanderschneiden

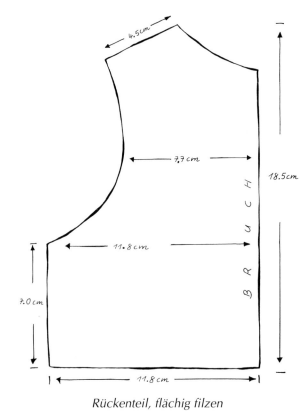

Rückenteil, flächig filzen

«Geburt einer Puppe»

Es war in der Adventszeit.
Die Mutter arbeitete schon eine Weile an einer einfachen Sackpuppe aus Stoff und Wolle. Da hörte sie hinter der Tür den Sohn zu seiner kleinen Schwester sagen: «Da kannste jetzt nich' 'rein, da wird 'ne Puppe gebor'n.» Die Kleine sagte nichts darauf und fragte auch an den folgenden Tagen nicht nach. Aber in einer Zimmerecke hatte sie, etwas versteckt, aus kleinen Kissen und Decken ein Bettchen gebaut. Auf dem Kopfkissen lag ein Keks.

Eines Morgens war es dann so weit. Das Puppenkind war fertig. Sein Körper war aus pflanzengefärbter Wolle gestrickt, Kopf und Händchen mit Trikotstoff überzogen, Augen und Mund nur angedeutet. Einige helle Mohairfäden waren das «Babyhaar».

Abb. 94

Die Mutter trug die Puppe in's Kinderzimmer und legte sie dem Kind in die Arme. Es strahlte, und seine Wangen färbten sich tiefrot.

Nun begann eine erlebnisreiche Zeit für die beiden: Das Puppenkind verbrauchte sehr viele Windeln, lernte sprechen und bekam die Windpocken, wie seine Mutter auch. Es ging mit auf Reisen und wurde einmal sogar von einer Wespe gestochen. Oft mußte es getröstet werden und spendete seinerseits Trost.

Und gerade weil diese Puppe so einfach war, keine Klapperaugen, kein eingepflanztes Plastikhaar, keine starren Gesichtszüge hatte, konnte sie dem Kind «alles» sein: groß und klein, lieb und zornig, blaß und rot, denn nichts an ihr engte die kindliche Fantasie ein.

Vlies-Umgang aus Heidschnuckenwolle

Grundlage dieser archaisch anmutenden Schulterdecke war ein schönes, frisch geschorenes Heidschnuckenvlies, das Geschenk einer Schäferin. Es wurde im Ganzen zweimal vorsichtig gewaschen. In seinem Mittelteil zeigte es zufällig eine zusammenhängende Form, die an einen Umhang erinnerte. Diese Form wurde nach dem Trocknen vorsichtig von dem übrigen Teil abgezupft. An der Hautseite war viel «filzfreudige» Unterwolle vorhanden. Das Ganze wurde noch mit einer Lage Milchschafwolle verstärkt. Dünne Stellen erhielten eine Extra-Wollportion, und die Filzarbeit konnte beginnen! Die langen, glatten Grannenhaare an der Außenseite filzten dabei nicht mit, waren aber mit der Unterwolle zuverlässig verankert.

Die Bearbeitung einer so großen Fläche ist zu zweit sehr viel einfacher. Zum Schluß dürfen auch die Füße mithelfen!

Bei einem großen Stück kann es vorkommen, daß nicht alle Bereiche gut verbunden sind und sich Spalten gebildet haben. Hier sollte mit Nadel und Wollfaden nachgebessert werden.

Gewicht des Umhangs: ca. 500 g
Filzdauer: circa ein bis zwei Nachmittage im Freien.

Abb. 95: Vlies-Umhang

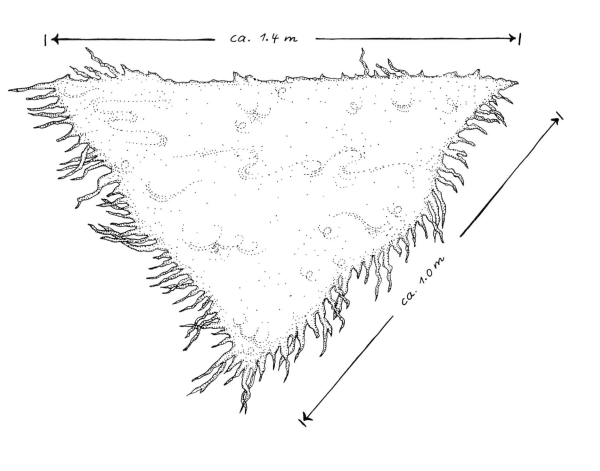

Abb. 96 Vlies-Schulterdecke, gefilzte Innenseite

Ruhig hin auf grünem Rasen
Die bescheidnen Schafe grasen.
Und wie gründlich sie dann kauen,
Wiederkauen und verdauen.
Was sie so in guter Weile
Still gemächlich, ohne Eile,
Sich zufrieden einverleibt,
Nicht für sie alleine bleibt.
Wolle wächst nun überreich
Zum Geschenk uns warm und weich.
– Liebe Schafe, ihr seid Tier,
Und doch Brüder scheint ihr mir.
Euch hat die Natur gelehrt,
Wozu der Mensch sich erst bekehrt:
Still-zufrieden, freundlich schenken
Ohne an sich selbst zu denken.

Irmgard Mancke

Bezugsquellen

1. Schafwolle, kardiert und unkardiert, Alpaka, Schafwolle chemisch gefärbt, Färbepflanzen, Handkarden und Kardiermaschinen:
Friedrich Traub KG
Postfach 1366
Schorndorfer Str. 18
73645 Winterbach

2. Kardierte Schafwollen unterschiedlichster Rassen, Alpaka, Kamel, Kaschmir, Mohair, Seide und viele andere Spezialitäten, Märchenwolle, pflanzengefärbt, Pflanzenfärbemittel, Handkarden und Kardiergeräte:
Majo's Wollknoll
Fabrikstraße 14
73277 Owen/Teck

3. Pflanzengefärbte Schafwolle (Märchenwolle), kardiert:
Pflanzenfärberei Neckarmühle
Husarenhofstr. 14
74379 Ingersheim

4. Verschiedene kardierte und unkardierte Schafwollsorten, chemisch gefärbte Wolle, Kardiergeräte:
Deutsche Wollverwertung GmbH
Postfach 1420
Finninger Straße 60
89204 Neu-Ulm (Donau)

5. Wollfilz, ungesponnene Wolle, Märchenwolle, Trikotstoff:
De Wullstuuv
Gärtnerstr. 1
24241 Blumenthal
Tel. 04347 / 4343
Fax 04347 / 8622

Zum Färben mit Pflanzen sei hingewiesen auf das Buch von Eva Jentschura, *Pflanzenfärben ohne Gift*, Verlag Freies Geistesleben, Stuttgart 1990.

Petra Berger
Basteln mit Filz

Anleitungen zum Herstellen von Puppen, Spielzeug und kleinen Geschenken
80 Seiten, mit zahlreichen farbigen Abbildungen, gebunden

Aus farbigem Wollfilz lassen sich mit einfachen Mitteln und für jeden leicht ausführbar herrliche Dinge herstellen, zum Spielen für Kinder oder auch als kleines Geschenk.

Das vorliegende Buch bietet zahlreiche, durch farbige Fotos illustrierte Anleitungen zur Herstellung von Spielsachen für Kinder: von kleinen Fingerpüppchen über Stehpuppen, Bälle aus Filz, Ketten bis hin zu farbigen Wandbehängen.

Fordern Sie unser Gesamtverzeichnis an:
Postfach 13 11 22 · 70069 Stuttgart

Verlag Freies Geistesleben

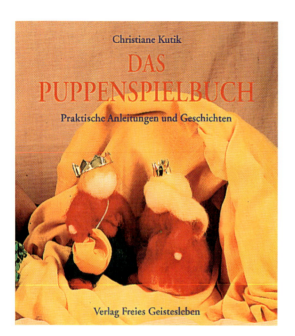

Christiane Kutik
Das Puppenspielbuch

Praktische Anleitungen und Geschichten
109 Seiten, mit 42 farbigen und 39 schwarzweißen Abbildungen, gebunden

Christiane Kutiks neues Buch gibt anhand zahlreicher farbiger Abbildungen Anregungen für das Puppenspiel mit kleinen Kindern. Die Kinder lernen durch das Spiel mit den sogenannten Stehpuppen das selbstständige kreative Spiel kennen, denn auch Spielen will gelernt sein. Überdies enthält das Buch zahlreiche neue Märchen und Geschichten, die für das Puppenspiel geeignet sind.

«Anhand zahlreicher farbiger Abbildungen wird vorgeführt, wie man mit ganz einfachen Mitteln aus farbiger Wolle zum Beispiel oder mit gefärbten Spieltüchern Puppen gestaltet. Wenig ist oft mehr. Die Aufmerksamkeit von Kindern läßt sich gerade in dem Alter von ganz einfachen Dingen fesseln. Und oft muß man ganz einfach improvisieren. Deshalb geht das Buch von Stehgreifsituationen aus, die ohne großen Aufwand gestaltet werden können.» *Westdeutsche Allgemeine Zeitung*

Fordern Sie unser Gesamtverzeichnis an:
Postfach 13 11 22 · 70069 Stuttgart
Verlag Freies Geistesleben